mark

這個系列標記的是一些人、一些事件與活動。

Mark 103

黃金貨幣時代的新發現
──三孔布新考

作者：楊中美

攝影：楊正宇

編輯：李濰美

內頁設計：顏一立、周家瑤

校對：楊菁、李眛、楊中美

法律顧問：全理法律事務所董安丹律師

出版者：大塊文化出版股份有限公司

地址：台北市105南京東路四段25號11樓

www.locuspublishing.com

讀者服務專線：0800-006689

TEL：(02) 87123898　FAX：(02) 87123897

郵撥帳號：18955675　戶名：大塊文化出版股份有限公司

總經銷：大和書報圖書股份有限公司

地址：新北市五股工業區五工五路2號

TEL：(02) 89902588 (代表號)　FAX：(02) 22901658

初版一刷：2014年9月

ISBN　978-986-213-546-4

定價：新台幣600元

Printed in Taiwan

國家圖書館出版品預行編目資料

黃金貨幣時代的新發現：三孔布新考
　/楊中美著 .-- 初版 .--
　臺北市：大塊文化，2014.09
　面；　公分 .--（Mark；103）
　ISBN　978-986-213-546-4（平裝）

　1. 古錢　2. 貨幣史　3. 戰國

793.4　　　　　　　　　　103015749

楊中美——著

黃金貨幣時代的
新發現——三孔布新考

CONTENTS

序　章
三孔布爲什麼是最珍貴的

（一）三孔布的發現與珍罕度

三孔布是先秦文明的一種標誌

　　中國有五千多年源遠流長的文明史，而貨幣則是貫穿中華文明史的一條主線。判斷一個國家、一個民族，特別是古代國家的文明程度，城市、文字、金屬器等文明要素則是主要的依據。而中國先秦貨幣，特別是鑄有城邑名稱文字的貨幣，則是集文明三要素爲一體的文物，是那個時代文明的一種標誌。三孔布就是這樣一種戰國貨幣。

　　中國錢幣界與收藏界有一種約定俗成的說法，在數以萬計種的錢幣中，有五十種極爲珍罕，被稱爲「五十大珍」。而名列第一的便是先秦貨幣三孔布。

　　三孔布俗稱三竅布。因爲布幣面上下有三個孔，首部一孔，圓足兩側中各有一孔，故又稱三孔圓足布。

　　三孔布周沿有廓，製作精良，文字規整，幣面大抵鑄有地名，背首穿孔上多鑄有數字，背面鑄重量名稱「兩」或「十二朱」（銖）。十二朱即半兩，是大小兩級貨幣。

重金之下流向東瀛

　　中國清朝前期康熙、雍正、乾隆三朝被稱爲「康雍乾」盛世。在那政治高壓、社會富裕安定的環境裡，逐漸孕育發展出一個以金石考據爲主的「乾嘉」學派。他們通過對甲骨、青銅器銘、印章、封泥、錢幣等文物的文字考釋，破解了許多歷史之謎，大大地充實了先秦歷史的內涵，使先秦文明的歷程更豐富而清晰地展現於世。

最早向世人披露介紹三孔布的是清人初尚齡。他在嘉慶二十五年（1820年）刊行的《吉金所見錄》著作中，刊載了一枚幣面地名「南行唐」，背文「十二朱」三孔布的手摹本。

自此，三孔布成爲金石考據家和錢幣收藏家覓獵的第一珍品。有清一朝，先後覓得三孔布者有初尚齡、陳壽卿、鮑康、張廷濟、劉鶚等，共覓得約八種，不超過十枚。

上世紀二、三十年代，即民國，中國以上海、天津爲中心又掀起了一次錢幣收藏熱，三孔布更是中外藏家追逐獵殺的珍幣。當時的大收藏家丁福保先生，在大錢商戴葆庭先生協助下，主編了一本《歷代古錢圖說》，上面刊有十餘枚三孔布圖拓，標明每枚價爲大洋四百，即使殘缺之布，也是此價。

當時的四百大洋，在上海虹口、徐匯等鬧市的住宅區也可買一幢有三層樓面的住宅。儘管如此，還是有價無市。當時號稱「南張北方巴蜀羅」的三大錢幣收藏家之一的羅伯昭先生，寓居上海，與戴葆庭私交甚篤，也僅從戴葆庭處獲得一枚殘足的、面文「雁次」的三孔布。

所謂錢能通神。自清末到民國之間，中國出土的三孔布，大部分流向了東瀛，其中收藏最富的是東京日本銀行。著名先秦史家與錢幣研究者黃錫全說：「遺憾的是，三孔布實物，國內除中國歷史博物館、天津歷史博物館、中國錢幣博物館等文博單位有少數收藏及近期出於山西的『宋子』、『亡終』等外，大部分流散國外。其中以東京日本銀行收藏最富。據《大系》（即《中國歷代貨幣大系》）所錄，就有十六種計十八件。」[1]

此外，日本昭和時代的錢幣大收藏家平尾贊平就獨自收有三枚。

據筆者旅日多年追蹤核實，當時日方的收購價，一枚約在八百至一千大洋之間。

天價三孔布實至名歸

自上世紀八十年代起，中國推行改革開放以來，全國大規模的基建工程持續不斷，各種出土文物也常見報導，其中新品種三孔布也時有發現。據統計，自清嘉慶以來，至今為止，共有幣面地名達三十八種的三孔布被發現。

一位收有一枚「邨」字三孔布的藏家，曾在網上說：「對於收藏家而言，一生的藏品中能有幾枚令人刻骨銘心的頂級錢幣孤品，實在是寥若晨星！」[2]透出收藏者的激動與喜悅。

而偶爾在拍賣行露崢嶸的三孔布，其身價則令人瞠目結舌。2012年8月，北京「誠軒」拍賣行的一枚青銅質「下曲陽」大型三孔布，竟拍出三百六十八萬人民幣的天價。

據筆者所知數據，該枚大型三孔布僅重13.4克，屬嚴重氧化減重，唯品相尚可。三孔布真可謂是實至名歸的中國第一大珍幣。

（二）三孔布是最具爭議的神奇貨幣

淺說各種爭議的由來

不錯，三孔布是中國第一珍幣，但這第一珍幣卻是最有爭議的一種神奇貨幣。從幣面地名文字的釋讀，到貨幣國別年代的判斷，至今仍眾說紛歧，還沒有眾所認可的共識。

首先說幣面文字的釋讀吧。如中國近代著名的貨幣史學家和錢

幣學家彭信威先生，他在《中國貨幣史》著作中就不無煩惱地說：
「第一，布上的文字不易識，例如其中有『文厤鄉』一種（有人釋
爲『文雁鄉』，近釋爲『雁次』），文字就不可識。」③

　　因某一枚幣面地名文字釋讀有異，而將三孔布的國別年代倡
出一種新說的也有。如幣面文字「𤇍」三孔布，是三孔布有記錄中
較多的一枚。此字一般認爲從匕即枇字，讀爲「代」，戰國屬趙的
北地「代郡」之「代」。又有學者認爲該釋爲「貍」，應屬原中山
國之地望。而著名學者郭若愚則將它釋讀爲「牟」字，認爲是戰國
早期趙國第一次遷都地「中牟」的「牟」字，於是就立了個以「中
牟」爲中心的戰國早期鑄幣說。

　　此外，戰國是一個充滿兼併戰爭的亂世，江山城邑的易主變
幟，有時眞可謂朝秦暮楚，昨中山而今爲趙，對三孔布地望歸屬的
不同判斷，便有秦國、魏國、趙國、中山國之各種國別鑄行說。加
上對三孔布幣背的「朱」「兩」文字的見解不一，故有關三孔布的
國別年代的爭鳴，至今不斷。

對「貨幣天然是金銀」認識的漠視無知

　　如同楚幣有金、銀、銅三種材質的錢幣，三孔布也有金、銀、
銅三種材質的錢幣。從理論與實踐這兩方面去推斷互證，應該是一
個合理的現象。當時的戰國就是一個國際舞台，各國的經貿活動都
納入於這一個國際市場架構中，各國均持有金、銀、銅貨幣進行交
換活動，才能使國際貿易交換流通正常化。

　　但是，至少在目前，中國公式的報導與研究，對先秦除楚以外
有金、銀貨幣流通存在的歷史是無知的、漠視的。有關研究中國公
式的報導與研究方面，《中國歷代貨幣大系‧先秦貨幣》就沒有收

錄除楚以外的金、銀材質的貨幣或金、銀材質的三孔布，中國所有的文博單位也都沒有收藏。而中國錢幣學會主辦的《中國錢幣》雜誌也沒有任何有關的報導，而國際上的相關報導也付之闕如，全然一片空白。

　　但在中國民間市場與海外市場，自上世紀九十年代後，許多金、銀質的貨幣，包括先秦貨幣就時有所聞，時有所見，時有交易。例如2009年由中國致公出版社出版的《淚水與夢想》一書，就披露了民間收藏家陳治木先生便收有金質先秦半兩和金質幣面地名「上專」的三孔布等。「半兩」文字古拙，「上專」文字規整，綠銹中透出粲然金色，信是眞龍。

　　然而，不見《中國錢幣》有任何報導評說，也不見中國各文博單位對民間市場和海外市場國寶級錢幣文物的動向和流向有任何關注的表示。在象牙塔裡過家家的文人和吃皇糧的官人，畢竟缺少追夢（中國夢）的熱情和迎接中國文藝復興來臨的激情，和孔夫子的「每事問」與「禮失求諸野」的科學求知精神相比，差之遠矣！

　　春秋戰國之際，廣泛使用金幣的史料，比比皆是，對其視若無睹，不去認眞探索追究，不做實事求是的考釋，反以文博單位沒有而對出世文物採取鴕鳥式的否定態度，實在是一種釋放負能量的立場。

　　馬克思在《資本論》中指出：「隨著商品交換日益突破地方的限制，從而商品價值日益發展成爲一般人類勞動的化身，貨幣形式也就日益轉到那些天然適於執行一般等價物這種社會職能的商品身上，即轉到貴金屬身上。『金銀天然不是貨幣，但貨幣天然是金銀』，這句話已爲金銀的自然屬性適於擔任貨幣的職能而得到證明。」④同時，馬克思還進一步指出「這些物，即金和銀，一從地

底下出來，就是一切人類勞動的直接化身」⑤。

我聯繫先秦貨幣中金銀幣實際存在的事實，認爲馬克思的論述有如下兩層涵義：第一，只要商品貨幣經濟存在，黃金和白銀就是當然的貨幣；第二，黃金和白銀一旦爲人們認識、了解和掌握，它就當仁不讓地充當了貨幣的職能。

先秦貨幣包括三孔布在內，它的金、銀貨幣的鑄行和存在，證實了馬克思上述論述具有的普遍性和規律性。

馬克思指出「貨幣天然是金銀」的論述，對目前三孔布研究存在的另一個盲區也做出了合理的解釋。由於金、銀，特別是金，其天然屬性具有易於分割、百鍊不輕、耐腐蝕磨損、不易消耗等特質，是一種天然適合被選爲執行一般等價物的貨幣職能的貴金屬。

從筆者所收集到的許多金銀質三孔布與先秦貨幣，歷經二千餘年歲月磨洗，仍顯金銀之本色，文字筆劃分明，形制規整如昨，令人讚嘆金銀天然適合做貨幣特質的神奇。依此對照目前已發現的三十八種地名文字的青銅質三孔布，發現有十餘種地名的文字筆劃、架構都有錯，有的錯甚至很嚴重。如一枚現在被解讀爲「上曲陽」的三孔布，其「上」字根本不存在。再例如·枚現被釋讀爲「安陰」的三孔布，古「𤇾」字缺「乀」形，不是安字；陰字則少阜傍，不是「陰」字。這些「上」字、「阜」傍等，都是青銅質三孔布腐銹後鬼斧神工所致。特別要指出的是，東京日本銀行所提供的三孔布拓圖，錯誤最多，弄得長期以來的研究者都在瞎子摸象。

所以，對先秦金銀質貨幣的無視、無知，輕言之是一種瞎子摸象的濫觴，重而言之則是對馬克思貨幣學說的漠視和無知。

（三）我在日本是怎樣收集錢幣與三孔布

日本是怎樣收集中國文物的

　　由於同屬漢字文化圈，又是一衣帶水之鄰的日本，無疑是對中國文物最重視的國家，且對中國文物的收藏也是最下工本的。

　　日本的正倉院，那裡保存著自唐以來，中國歷代王朝賞賜給日本的禮品，流傳有緒，完好如初，直令中國汗顏。又如日本東京台東區一個民間財團性質的書道研究會，居然保有王羲之書法的真跡，令人慨嘆。

　　日本是怎樣收集到中國如此之多的珍貴文物的呢？除了公式的朝貢體制下獲得的賞賜品外，日本對中國文物的收集，以錢幣為主而言，在近現代應有如下幾種方式。

（1）公開地掠奪式強取廉買

　　明治、大正時代的日本大歷史學家兼名記者德富蘇峰在大正六年十二月（公元1917年）遊覽山東時寫下的一篇報導說：「鐵路沿線無論張店還是濰縣、坊子，日本人越來越多，他們都是為銅錢買賣而來的。銅錢就像我國的『寬永通寶』一樣又叫穿孔錢。在中國如果積攢金銀就會有被搶的危險，沒有銀行可以把錢存起來。如果不想把它投資在土地上的話，就只能存穿孔錢。

　　如果是穿孔錢的話，就算強盜來了，被搶走的量也是有限的。現在存穿孔錢的人很多，聽說存了一百萬元銅錢的人也有。這樣一來銅的價值就膨脹了，這個時候把銅錢買下來冶煉後作為原料運回日本，就好比是水中捉魚，實在是非常方便的採銅法，這個生意自然會繁榮昌盛的。但是買銅錢的人不論是日本人還是中國人都是些

不怎麼正經的人。

　　據說他們或者掠奪，或者欺詐，或者搶取，總之使盡各種惡劣手段來獲得銅錢，因此日本人在中國人當中的信用也下降了，這種壞的影響甚至波及到一般日本人身上，這是不可爭辯的事實。」⑥

　　德富蘇峰看到的故事僅是前半齣，後半齣的戲文是這些滿載銅錢的船一到碼頭，就被錢幣行業的人壟斷收購了。他們先將一些珍稀錢幣或有研究價值、商業價值的錢幣挑揀出來，然後再將挑剩的送到冶煉廠去。

　　別看有些挑出的是普通的制錢，日本的錢幣研究者就在這些普通制錢中將各種版式的錢分門別類，搞出了具有日本特色的中國銅錢的版式系統的研究，宋朝符合錢（對錢）版式研究是享有盛名的創新研究。經過日本研究專家的標新立異，原來一些普通錢成了珍罕錢，而珍罕錢的身價則更飆漲了。

　　德富蘇峰講的故事，一直流傳延續至中國改革開放的初期，只是主人公從日本浪人變成了想早日致富的中國人，一艘艘滿載中國歷代王朝的銅錢，源源不斷地駛向日本各地的碼頭，上演著傳統的戲文。筆者在日本跳蚤市場問過幾位售中國銅錢的古董行販，他們都告訴我同樣的故事。

（2）遍布中國城鄉的日本典當舖如何巧取

　　自清末甲午海戰後，日本各界商人不斷湧進中國去淘金，典當業十分紅火，遍佈城鄉。其中相當多的一些典當舖，有專門對中國文物有鑑定能力的掌眼人，凡是遇到有好的東西，他們就會放寬典當額。而往往有這些東西的世家子弟或敗落戶就過期不來贖了。

　　這樣，每過一段時期，當舖就把巧取得來的中國文物，包括珍

稀錢幣，一件件、一批批地運到日本去了。

（3）敢出高價競購

俗話說：「水向低處流，人往高處走。」錢雖不是萬能的，但在市場競爭中，高價是能一錘定音的。

以東京日本銀行而言，他們不僅有強大的財力，而且有極可信賴的專業古董商為他們奔走覓獵。這些古董商不僅是中國通，並且和中國古董商人有很好的交情，有長期良好合作的紀錄。他們只有出高價，才能將三孔布這樣的珍稀錢幣，從中國古董商人手中買走。

商人無祖國，否則，古董商人會首先考慮中國人主顧的。

例如遼錢「天顯通寶」，當時被稱為孤品，存世極罕。民國三十年代後期，北京古董商駱澤民曾以六百大洋收得一枚「天顯通寶」小平錢。1942年，駱澤民有意出售此錢，從日本聞訊趕來的大收藏家大川鐵雄，從多位中國競購者中勝出，以三千大洋天價拍下，大川鐵雄得此珍泉後便自稱「天顯堂主」。

（4）淳化元寶金幣出土轟動中外

1988年春，河北省保定市阜平縣東下關鄉一個建築施工隊，在佛教聖地五台山中台頂（即翠岩峰）佛塔舊址清理塔基時，挖出近兩千枚面文「淳化元寶」，背刻兩尊佛像的金幣。經考古學家和錢幣專家鑑定，這就是中國宋代淳化年間鑄造的「淳化元寶」佛像金錢。這批金錢，面文「淳化元寶」四字，為宋太宗趙光義親書，開了中國御書錢之先河。每枚直徑為2.4厘米，厚0.5厘米，重12克，成色為96%；背鑄的兩尊佛像，坐像為觀音，立像手持如意者為善財

童子，圖案隆起0.2厘米，佛像栩栩如生，五官清晰可見。

宋太宗自幼就受佛教影響，太平興國四年（公元979年），他親自率兵收復山西時，卜者言：「有菩薩保佑，五月初五，不戰可勝。」果然，在端午節這天，北漢劉繼元降宋。從此，中國五代十國的分割局面便結束了。

顯然，宋太宗認為這是五台山的佛祖顯靈，因此對五台山恩寵有加，才鑄造了這批供養錢。據佛教宣揚，布施供養錢，可積施主無量功德，並有「施主施錢，不得互用」的規定。由於宋太宗的金錢用料是從左藏庫提取，他遵規便將這批金錢派人秘密埋藏。因此，史無該批鑄錢的記載。

1988年5月7日，當工人胡占兵用鐵錘敲開塔底清石板時，這批精美的供養錢才燦爛輝映於世。然而，這近兩千枚金幣立刻被工人一搶而光，逃之夭夭。

中國公安部聞訊立即組成以「07」為代號的特案組，迅速展開偵緝行動。1988年5月20日逮捕了工程承包人袁忠富、工人胡占兵等十餘人，追繳金錢一六八八枚，部分金錢流向香港、東瀛、美國及國內民間市場。當時價格大約三十萬港元一枚。

改革開放以後，隨著全國各地大規模的基建工程持續不斷地進行，地不愛寶，各地時有珍貴文物出土的消息，三孔布青銅幣新品種也常有報導，但金銀珍寶與金銀幣的出土報導是絕無僅有。據編寫《中國珍稀錢幣》一書的周祥先生在書中所述：「近聞香港古玩市場上曾出現一枚包金梁釿布，據說是從大陸走私流出去的。」

從大陸流出去是沒錯的。香港、日本和美國的地下是不會埋有什麼包金梁釿布的。其實，何止是包金梁釿布，真金鑄就的金梁釿布，筆者就見過，而且收藏著。

顯然，在「一切向錢看」的時代，中國的文博單位、各級官方政府，很難再有收繳一六八八枚「淳化元寶」的輝煌記錄了。

（5）中國的文物法規為叢驅雀

「溥天之下，莫非王土」，中國的國有土地政策沿襲了幾千年來奴隸主與封建王朝的定向思維。而且，不僅土地是國有的，土地下的一切也是國有的。不管你是工人階級、農民兄弟；也不管你是民間田野考古挖掘工作者（俗稱盜墓賊）或民間投資者。反正，一旦知道從地下挖出東西了，便是國有、收繳、追捕。

當囿於形格勢禁，挖到珍寶的農民或工人，只能主動上繳寶物時，政府有關部門會隆重地頒給他們一張讚有愛國主義精神的大紅紙獎狀。然而，在當今人慾橫流，一切向錢看的時代，人們嘲諷道：「紅紙頭不如花紙頭（即錢）。」

目前，中國官民全體進入了唯利主義時代，各種自上而下、大大小小、形形色色的利益集團在各個領域形成與發展壯大著。民間田野考古挖掘工作者與地方村民、幹部等，往往形成了利益集團。他們已經不是當年在風高月黑夜手持洛陽鏟行動的單幹戶或互助組了，而是裝備了先進的探測儀器、挖掘設備和產銷分工的現代公司型組織了。中國的考古挖掘現狀已幾乎呈現十墓十空的慘象。

中國民間有句話說「政策永遠落後於形勢」，中國文物的買賣政策也是如此。中國的文物法規規定文物買賣的上限止於明清，明清以上則只限流傳有緒等規則。

中國的文物，除故宮以外，大多數的中國文博單位的文物，絕大多數都不是第一時間從現場挖掘所得，都是後手的後手。以三孔布而言，只有一枚地名「宋子」的小型三孔布有出生證明，據聞出

自山西一座古墓，其餘三孔布，基本上是沿著「挖掘者→古董商→收藏者」之路徑進入大千世界的，然後有一部分收藏者捐獻給政府文博單位或文博單位以徵購等方式獲得。所謂「為叢驅雀，為淵驅魚」，在這種皇權主義和官本位文化思想管治下，實際上將大量民間文物和民間田野考古挖掘工作者搞出的珍貴文物，迫而流向民間市場或海外市場。

2013年8月30日，中共第十二屆全國人大常委會第四次會議做出決定，授權國務院在中國（上海）自由貿易試驗區內，對國家規定實施准入特別管理措施之外的外商投資，暫時調整外資企業法、中外合資經營企業法和中外合作經營企業法規定的有關行政審批。

頗有戲劇性的是，之前在「決定草案」中引發強烈關注的內容──「在上海自貿區內，允許符合條件的外商獨資或中外合資、中外合作拍賣企業在試驗區內從事文物拍賣業務」，沒有出現在決定中。中國《文物保護法》第五十五條第三款之規定：「禁止設立中外合資、中外合作和外商獨資的文物商店或者經營文物拍賣的拍賣企業。」

這就意味著，外資拍賣行借助上海自貿區進駐中國內地拍賣市場的願望落空了，內地拍賣企業依舊「安全」。

據悉，關於文物拍賣開放的條款在相關會議討論中分歧很大，「部分觀點認為，放寬拍賣很可能會更容易拍出天價拍品、超高價格，導致我國文物盜墓、走私問題進一步加劇，不利於文物保護等」。

但是，現實是「盜墓」已發展成一條未公開的公開產業鏈，十墓十空便是權威的鑑定。而中國各大拍賣公司存在著諸多不規範操作和高仿品的堂而皇之入場，已是公開的秘密。外資拍賣行進入中

國市場勢必要觸動中國文物市場的改革，衝擊利益集團的壟斷性暴利，這才是中國上海自貿區外資拍賣企業不能登陸的眞正原因。一些業內人士表示，「外資拍賣行進入中國市場，一方面會加劇行業競爭；另一方面，也會爲內地市場帶來國際化的經營方式，帶來遵紀守法、規範和誠信的經營樣板，從而有利於行業的進步和健康發展」。

「天低吳楚，眼空無物」。國寶文物就是在這樣的格局下流向海外的。自上世紀九十年代起，中國文物是繼八國聯軍侵華、日軍侵華戰爭、「文革」浩劫之後的又一次大流出。

（6）我是這樣收集三孔布的

我在上世紀九十年代初，一次去東京「和平島古董集市」，在那次見到兩枚三國時的金幣。一枚是劉蜀的「直百五銖」，一枚孫吳的「大泉二千」。雖然史無蜀吳有金幣鑄行的記載，但憑我對錢幣的知識與直感，告訴我這是眞品無疑。那位行販開價一枚要二十萬日元，經過交涉以二十八萬日元價將兩枚購下。

自此之後，我對錢幣市場的動向十分注意，勤跑勤問，終於陸續購進許多珍稀錢幣，特別是三孔布金銀幣。它耗去了我所有的積蓄，甚至時有舉債之急。

一次，一位朋友曾問我爲什麼如此執著於三孔布，特別是金銀三孔布的收集？我的回答是簡單而明快的。

首先，它的幣面不僅僅寫著戰國的地名，而且還銘刻著民族之魂。它是中國黃金時代的文明縮影，歷史紀錄，英雄譜寫的詩篇。從文物的價值而言，怎樣評估都屬於頂級的。它遠遠要高於圓明園的十二生肖的牛頭馬面銅雕等等。

其次，民國時代的先賢，曾竭盡努力爲中國的錢幣、史學、貨幣經濟和文字學等研究做出了開拓性的貢獻。現在薪火傳承的歷史責任，義無反顧地應該由我們這一代人接過，繼續向前大踏步地邁進，爲迎接中國偉大的文藝復興做出貢獻。

再者，在中國歷史大轉折的時代，受到知識分子的良知和使命的感召，我覺得在能力所及的情況下，應該使三孔布的收藏與研究由東京日本銀行專美於前的歷史遺憾不再重演，倘如是，這豈非大快人心之事。

一個人只要立志努力去做事，有時可以做一個政府、一個國家不能做到的事。如今，在三孔布的收集與研究上，一個草野之民的我做到了這一點，那是很有歷史成就感的悲壯與自豪。我收集了大約二百餘枚金銀銅三孔布，因而把自己的陋室命名爲「二百三孔布堂」。

得大塊文化出版公司眷顧，我現在能寫一本由中國人寫的三孔布專著刊行於世，不亦快哉！

本書想寫成一本通俗性讀物。但在第三章及一些章節處，爲了引證對方論點出處，不得不一一注釋明示，而一般引文便在書後參考文獻書目中列出引用書，不一一以注釋明示，敬請讀者諒解。

---

① 黃錫全《先秦貨幣通論》頁141，紫禁城出版社，2001年。
② 《中國錢幣》2005年第二期，頁5。
③ 彭信威《中國貨幣史》頁55，上海人民出版社，2007年。
④ 馬克思《資本論》第一卷頁107，人民出版社，1975年。
⑤ 同上，頁111。
⑥ 德富蘇峰著，劉紅譯《中國漫遊記》頁241～242，中華書局，2008年。

第一章

三孔布的發現與追蹤

第一節

清嘉慶至清末各大藏家的收藏

1. 初尚齡收「南行唐」三孔布一枚

　　最早向世人披露介紹三孔布的是清人初尚齡。

　　初尚齡，字渭園，萊陽人。他用了四十餘年的時間收集和研究錢幣，著有《吉金所見錄》十六卷，於嘉慶二十五年（1820年）刊行。該著作錄有錢圖一二一○種。卷一至卷十四，集有先秦至明的歷代錢幣；卷十五為外國錢幣及不知年代品；卷十六則是壓勝錢與馬錢，共約七萬餘字。

　　該書刊有「南行唐」地名，背十二朱三孔布手摹本，這是中國最早錄有三孔布錢幣圖形的著作，引起金石與錢幣愛好者的重視。

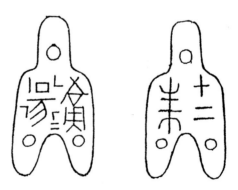

南行唐　背　十二朱　手摹本　1820年首次
刊於初尚齡《吉金所見錄》

初尚齡研究錢幣根據出土資料、實物，徵於史料，很有眞知灼見。其最大的論說貢獻就是把刀布幣斷爲春秋戰國時期，打破了長期將刀布幣附會爲三皇五帝時的舊說。三孔布即是其定爲春秋戰國時期的一種布幣。

2.鮑康藏「南行唐」三孔布一枚

　　鮑康（1810～1881年），字子年，安徽歙縣人。鮑康是道光舉人，官至四川夔州知府，集幣四十餘年，勤於搜集研究，考訂精嚴。同光時期著名金石藏泉家潘祖蔭曾有評定：鮑氏「蓄泉最富，耽玩四十餘年，故於源流正變，眞僞美惡，辨別精嚴，當世無其比也」。

　　鮑康在同治十二年（1873年）寫成《觀古閣叢稿》二卷和《觀古閣泉說》。鮑康在《觀古閣叢稿》中寫道：「余藏一衡陽（南行唐）幣，背作十二朱者，初尚疑其贗，近壽卿拓寄新得安陽布二品，惜足皆闕損，亦有孔三，其一安字傳形，背作兩，其首近圓孔處一作十二，一作十三，自來譜家所未見。時《續泉匯》已刊成，殊以未及載爲憾。」

　　鮑康在該書中透露他藏有南行唐，背十二朱三孔布一枚。好友陳壽卿則有安陽，背兩三孔布兩枚。

　　鮑康去世後藏泉全部遺於姪兒鮑恩綬，後又由鮑恩綬之子鮑鼎成出售給中國銀行。據民國大收藏家張絅伯先生憶述：「鮑氏藏泉於民國七年（1918年）出售津中國銀行，現陳列北京銀行公會。翌年余遊京津，得窺全豹。」1922年，中國銀行證實該行藏泉中有鮑氏舊藏「南行唐」背十二朱三孔布珍品。

　　鮑康在《觀古閣泉說》中也力主刀布幣爲春秋戰國貨幣。自

初、鮑兩氏登高而呼，刀布幣爲春秋戰國之論逐漸成爲學界正論。

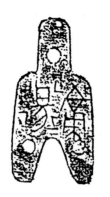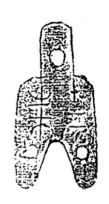

南行唐　背　十二朱　質地青銅　原鮑康舊藏
1918年已入藏中國銀行

3. 陳壽卿的兩枚「安陽」布流向

　　鮑康文中的「壽卿」即鮑康的同時代人陳介祺（1813～1884年），字壽卿，號簠齋，濰縣人，是當時最著名的收藏家、金石學家、古文字學家之一。他畢生致力於古文物的收藏和研究，享有「藏金石之富甲於海內」之稱。撰有《簠齋集古錄》、《簠齋吉金錄》、《十鐘山房印舉》等著作。

　　陳壽卿長子厚滋，字九蘭，傳承父業，以所藏列國刀幣著稱。壽卿父子遺物大部分由後人捐贈山東圖書館，部分散於市肆。陳壽卿收藏的兩枚「安陽」三孔布，其中一枚面文「安」字似是字體反書的傳形幣，傳形即錢文左右移位，稱左讀。今釋爲「家」字，即陳壽卿入手兩枚「安陽」之中一枚，背兩字的三孔布。兩枚三孔布一爲「安陽」背兩，一爲「家陽」（讀「華陽」）背兩。在2002年

由上海辭書出版社出版的《中國歷代貨幣大系》先秦貨幣卷582頁
內，收錄一枚三孔布「安陽」，一枚「家陽」，背兩十二、十三，
足皆殘缺，應是陳壽卿所得兩枚三孔布的原拓件。

安陽　背　兩　十二　質地青銅　刊於《中國歷代貨幣
大系‧先秦貨幣卷》

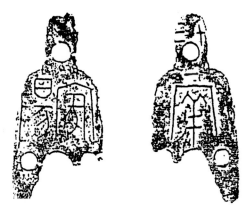

家陽　背‧兩　十三　質地青銅　刊於《中國歷代貨幣大
系‧先秦貨幣卷》

4. 劉鶚兩枚三孔布來龍去脈

劉鶚（1857～1909年）江蘇丹徒人（實居淮安），原名孟鵬，後名鶚，字雲臣、鐵雲等，號蝶雲。他是晚清著名金石家、收藏家和文字學家、文學家。他不僅寫有著名的《老殘遊記》，還著有《鐵雲藏龜》、《鐵雲藏陶》等著作。

1962年，沈颎民在〈老殘遊記作者劉鶚的手稿〉一文注解四中提到：「劉鶚《鐵雲藏龜》、《鐵雲藏陶附封泥》外，尚有《鐵雲藏泉》之作，我僅見殘卷。」

至於殘卷去向與內容，未見沈颎民提及。1984年北京出版的《中國錢幣》第三期刊登了郭若愚先生的文章〈介紹劉鶚的未刊稿《鐵雲藏貨》〉。《鐵雲藏貨》應是沈氏提到的《鐵雲藏泉》。《鐵雲藏貨》收錄兩枚三孔布拓本，其中一品實物已證實是鮑康舊藏「南行唐」拓本，另一品面文「邔陽」，背兩‧廿（雙足斷缺）殘件，屬劉鶚藏品。

郭若愚先生在文章中引用羅振玉《俑廬日札》，得出「劉鶚所藏錢貨，乃得自王懿榮，大概就是和《鐵雲藏龜》的那批甲骨，一起從王懿榮家裡流散出來，歸劉鶚收藏」的結論。

王懿榮（1845～1900年），字廉生，福山人，光緒六年（1880年）進士，以翰林擢侍讀，至國子監祭酒。王懿榮是著名的經史學家、金石學家，第一代甲骨文字學家，著有《王廉生古泉精選拓本》等。

綜上所述，劉鶚兩枚三孔布拓印，一係鮑康原拓，一為王懿榮舊藏。

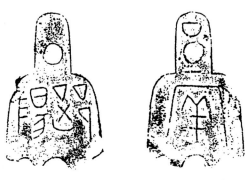

邔陽　背　兩・廿　質地青銅　刊於《鐵雲藏貨》

5.張廷濟所藏流佈東瀛

　　另一收有兩枚三孔布的是張廷濟（1768～1848年）。張是浙江嘉興人，字順安，號叔未，嘉慶三年舉人。因「屢躓禮闈，遂結廬高隱，以圖書金石自娛，書法米芾，草隸獨出冠時」。著有《桂馨堂集》、《張廷濟泉拓》、《張叔未所藏金石文字》等。

　　張廷濟所得據悉得自同時代的宋孝廉（號芝山）舊藏，兩枚分別爲「上專」傳形，背兩・三；「下曲陽」背兩・十十。現已知張氏兩枚大型三孔布均已流向東瀛。

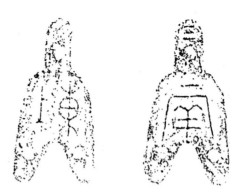

上尃（傳形）　背　兩·三　質地青銅　張廷濟
舊藏　刊於王貴忱《三孔幣匯編》

下邲陽（下曲陽）　背　兩·十十　質地青銅
張廷濟舊藏　刊於王貴忱《三孔幣匯編》

民國年間海內外藏家競相搜羅

1. 方若獨領北國風騷覓得八枚 —— 附陳仁濤所集三孔布

　　方若（1869～1954年），浙江定海人（祖籍鎮海）。原名方城，字楚卿，改名方若，字葯雨、若雨。其十九歲中秀才，1893年赴天津發展，成為著名的實業家、收藏家，長於金石書畫，尤好古泉，搜羅之富，獨步北國。時泉界有「北方南張」之稱。

　　「北方」即方若是也。方若著有《校碑隨筆》、《言錢別錄》、《言錢補錄》、《古化雜詠》（古化即古貨幣之意）、《舊雨樓集外集》等。據近代著名錢幣收藏家馬定祥先生就其所見三孔布回憶道：「昔年僅有張叔馴、方葯雨各藏數枚，羅伯昭僅得一殘布而已。」

　　方若所藏數枚，即其在《舊雨樓集外集》中披露的手摹本，有面文「平臺」、「轅」、「郻」、「上專」背兩及「上專」背十二朱五枚。

　　1934年春，方若將所藏全部古泉轉讓於銀行家陳仁濤先生。方若自售出所藏，頗受泉界批評，又不耐寂寞，便重新收集。1936年，方若從北京古董錢商方子才先生處收得來自一批山西太原地區出土的珍稀錢幣，其中有面文「安陽」、「渝陽」、「戲邑」背十二朱三枚三孔布。方氏不愧為北國泉界領袖，財大氣也粗，一人獨得過八枚三孔布，為中國收藏三孔布幣之冠軍。

方氏所經手收藏之八枚三孔布，前五枚售於銀行家陳仁濤。後三枚三孔布則在1949年中共政權成立後，即捐藏歸轉天津市歷史博物館。

　　陳仁濤除從方若手中收得五枚三孔布外，似乎還從他人手中購得多枚，而且也轉讓出幾枚。查陳仁濤在《金匱論古初集》「釋守」一文，對在其手的三孔布六枚做過重量測定，即面文「𤪡」（朵）、背一兩・十一；「𤪡」，背十二朱；「下專」，背兩・十六；「漁陽」（即渝陽，現釋陽晉），背兩；「雁次」，背十二朱；「阿」，背十二朱。而方若轉讓於他的「平臺」、「轅」、「鄎」及「上專」等均不在內，似已流向日本，爲東京日本銀行、平尾贊平等收藏；至於當時其測定重量的六枚，查拓圖，也只有面文「𤪡」大型布、「下專」背兩・十六、「阿」字三枚尚見拓影。筆者在2012年夏參觀北京中國錢幣博物館時見有陳列面文「阿」字，背十二朱三孔布一枚，與陳仁濤所刊《金匱論古初集》中拓本一樣，應是陳仁濤舊藏。另外兩枚大型三孔布拓圖也刊印於《中國歷代貨幣大系・先秦貨幣卷》，當是陳仁濤被鄭振鐸收購中的兩枚。

朵　背　兩・十一　刊於《戴葆逢集拓中外錢幣珍品》

安陽　背　十二朱・十二　重6.7克　質地青銅　方若舊藏　現存天津市歷史博物館

　　　　　　　　　黃金貨幣時代的新發現——三孔布新考

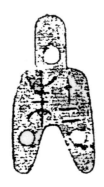

陽晉　背　十二朱　重7.8克　質地青銅，方若舊
藏　現存天津市歷史博物館

戲邑　背　十二朱‧十二　重5.35克　質地青銅　方
若舊藏　現存天津市歷史博物館

阿　背　十二朱‧廿　重8.3克　質地青銅　刊於
陳仁濤《金匱論古初集》　現存中國錢幣博物館

下專　背　兩・十六　重17克　質地青銅
刊於陳仁濤《金匱論古初集》

2. 張叔馴馳騁滬杭羅致珍幣無數——附戴葆庭經手之三孔布

　　張乃驥，字叔馴（1900～1949年），泉界稱謂「叔馴先生」以示敬，號齊齋。其號之來源，緣由1925年，滬上大錢商兼收藏家戴葆庭先生在江西鄱陽一帶收購古錢，打著旗幟在鄉間行走，看到孩子正玩踢毽子遊戲。因當時毽子大都由銅錢作底，戴葆庭有心，便問孩子要毽子看看，正所謂「天道酬勤」，福至心靈，一看是大珍品「大齊通寶」，便好言從孩子手中購得此「大齊通寶」。該錢因做毽子用，四圍鑿有四孔，謂「四眼大齊」。

　　「大齊通寶」乃五代南唐徐知誥封吳王後篡吳帝（楊溥）之位，立國稱帝，國號大齊，改元昇元，於昇元元年（937年）鑄「大齊通寶」小平錢。在戴葆庭發現「四眼大齊」前，唯有清嘉道年間收藏大家戴熙藏有一品。戴熙是道光十二年（1832年）進士，官拜內閣學士，擅長書畫，精研金石，喜集古泉。戴熙著有《古泉叢話》四卷，云：該枚珍泉「輪有微缺，銅質頗古，字亦拙滯」，世稱「缺角大齊」。

戴氏得此「四眼大齊」後便售於張叔馴五百大洋，據戴氏云：「厥泉完整，闊緣薄肉，背似夷而有四小孔，文字則與戴文節公藏者同範，通寶二字隸書。」張叔馴得此珍泉後，便自號齊齋。

大齊通寶／戴熙舊藏　　　　　　　大齊通寶／張叔馴藏

戴葆庭爲錢商，所得珍泉大抵都轉手轉讓他人（據戴葆庭協助丁福保編著的《歷代古錢圖說》，標明每枚三孔布時價爲四百大洋）。但戴氏是有心人，凡經手其珍泉，必留墨拓，故能傳下《戴葆庭集拓中外錢幣珍品》一書。從該書中看到有六枚三孔布墨拓，分別爲面文「阿」、「南行唐」，背十二朱；「文雁鄉」（又名雁次）、「石邑」、「代」（又名貍）。「代」有兩枚，一枚背兩・三，一枚背兩・十一。筆者排照譜圖，對照墨拓，推斷「石邑」和「代」兩枚似爲張叔馴先生所藏。

張叔馴出身浙江湖州南潯大家族。南潯是清中期至民初的絲綢、鹽業重鎮，鎮有「四象、八牛、七十二磴狗」之稱。財富過千萬者稱象，張氏即「劉、張、龐、顧」四象之一。張氏一族，人才濟濟，除張靜江曾傾產輔佐孫中山先生搞革命之外，張叔馴在張氏家族、南潯各大家中，是一位不事張揚而眞正有「錢」的人，是一位海內泉家巨富。

民國泉界後起之秀羅伯昭曾說：「民國十七年及二十五年，先後訪之於上海，觀其珍藏，孤品異品，層見疊出，令人望洋興嘆，宜其有大王之稱也。」

中日戰爭爆發後，張叔馴在1938年舉家遷美。抗戰勝利後，張叔馴返滬處理資產，將包括大齊通寶、三孔布等在內的古錢精品約兩千枚攜帶赴美，據美國收藏家孫浩先生在《中國錢幣》2011年第四期著文披露，張氏在美去世後，兩千枚古錢精品由張夫人徐氏售於紐約著名古董商 Tai J. T.（戴吉濤，山東人），而戴氏在1985年即委託香港蘇富比公司拍賣藏品。可以推知，一代泉家張叔馴的古泉精品，包括大齊通寶、三孔布等，業已燕飛入他人家中去也。

石邑　背　兩・廿　質地青銅　刊於《戴葆庭集拓中外錢幣珍品》

代　背　兩・十一　質地青銅　刊於《戴葆庭集拓中外錢幣珍品》

3. 巴蜀羅伯昭僅得一殘布

羅伯昭（1899～1976年），原名文炯，後改名伯昭，號沐園，四川重慶人。

羅伯昭早年在上海求學，1921年畢業於上海著名教會學校聖約翰大學商學院。後返川經營對外桐油貿易，事業成功，業界人稱「桐油二王」。

羅伯昭在事業初獲成功起，就對歷代古錢發生興趣，不惜重金收購，先後收購當時藏泉名家楊介人的全部藏泉，樊樹材的全部泥泉範（即陶泥錢模）。1935年，羅伯昭到漢口兼任生利洋行漢口出口部經理。在漢口三年期間，他廣交泉友，發起成立「泉友會」，迅速崛起成為中西部地區泉界的領軍人物，被泉界稱為「北方南張巴蜀羅」，與方若、張叔馴並列為中國的古泉三大收藏家之一。

1939年，羅伯昭受好友美商范格之邀赴滬，以七萬五千美元重金購下巨潑萊斯路（今安福路）七號獨幢花園洋房。由於羅伯昭出色的組織力、親和力和財力，迅即融入上海泉界，並成為新領軍人物。1940年5月，由羅伯昭與鄭家相、王蔭嘉等領銜倡議，成立了中國泉幣學社，社址即羅伯昭宅。中國泉幣學社推德高望重的丁福保為社長，羅伯昭為副社長，並任學社刊物《泉幣》雜誌的總編輯。

中國泉幣學社每月舉行例會，並不定期地舉辦專題講座，參加者除丁福保、羅伯昭、趙權之、蔡季襄、鄭家相、王蔭嘉、沈子槎、張絅伯、張季量、彭信威、趙亮聲、張果園等名收藏家和學者外，還有戴葆庭、馬定祥、楊成麒等著名錢商兼收藏家，網羅了泉界精英，掀起了自嘉道以來泉學的第二次復興潮，羅伯昭居功之

首。

羅伯昭所得頂級大珍，首推王莽新朝的「新幣十一銖」（花五千大洋購入）；此外，「西王賞功」銀錢、「元豐重寶」篆書白銅錢、「建國通寶」篆體小平等，皆爲稀世孤品或名重一時新出土品。

然據馬定祥所知，羅伯昭只收有一枚三孔布殘品，但馬定祥沒有說是面文何名之殘品。

羅伯昭在1957年將自己花巨資所長期收集的一萬六千餘枚古錢，包括「新幣十一銖」和一枚殘三孔布，全部無價地捐獻給國家，現羅氏所藏均歸中國國家博物館。

據目前在上海博物館工作的周祥先生在《中國錢幣》2012年第一期撰寫的〈前輩風範——紀念著名錢幣收藏家羅伯昭先生〉一文中披露，羅伯昭先生捐贈的一枚三孔布，是面文「文雁鄉」（又名雁次）之幣，然不知背是十二朱，還是兩。

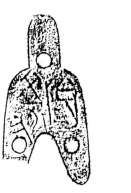

雁次　背　兩‧一　質地青銅　刊於《戴葆庭集拓中外錢幣珍品》

筆者據周祥先生主編的《中國珍稀錢幣》一書所列三孔布珍幣中，赫然發現有一枚右足殘缺面文「文雁鄉」（又名雁次），背一兩・一的三孔布，當是羅伯昭先生舊藏之珍。比照《戴葆庭集拓中外錢幣珍品》一書拓墨，兩者一致，當爲同物，應是戴葆庭轉讓於羅伯昭的。

4. 陶心如藏泉星散各方

陶心如是北京藏泉大家，是差可比肩「北方南張」的泉界重鎭。陶心如收藏有面文「南行唐」、「下專」等三孔布。據滬上大藏家張綱伯於1942年云：「十餘年前，心如藏泉星散」，可知陶氏所藏三孔布已不知流落何方。

陶氏所藏三孔布因無拓本留下，不知背文爲十二朱，還是兩，令人長太息。

5. 方天仰刊《三孔幣集》集錄之品

民國北京著名古董商方才子是個交遊廣、善經營的能人，特別與陝西、山西一帶古董界相熟，消息十分靈通，一有奇珍異泉，總能捷足先登，收於囊中。中國南北泉界收藏大家篋中許多珍品，很多都得自方才子。

方才子有一位叔叔叫方天仰，曾刊有《三孔幣集》，其中收錄的三孔布幣拓墨，有多枚三孔布幣均由方子才轉讓於人。如面文「渝陽」，背十二朱三孔布便在1936年由方才子售於方若。一枚面文「鄡靡」和一枚面文「新城」，背十二朱的兩枚三孔布，經核對拓墨，知爲東京日本銀行所藏。

剔去與各藏家重複的三孔布拓墨，有如下三枚當是方天仰刊《三孔幣集》中僅有的：①下專，背兩・十五；②面文「封氏」（封斯），背十二朱；③面文「五陞」（五陘），背十二朱。

下專　背　兩・十五　質地青銅　刊於方天仰《三孔幣集》

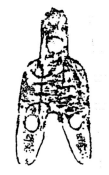

封氏　背　十二朱　質地青銅　刊於方天仰《三孔幣集》

　　　　　　　　　　黃金貨幣時代的新發現——三孔布新考

五陸（五陘） 背 十二朱 質地青銅 刊於
方天仰《三孔幣集》

6.丁福保編《歷代古錢圖說》之三孔布

　　丁福保主編《歷代古錢圖說》，共收錄三孔布幣十四枚，大抵
轉錄刊載《東亞錢志》等譜之拓圖。唯有面文「關」，背十二朱一
枚係其獨有。

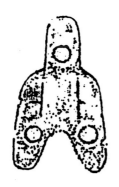
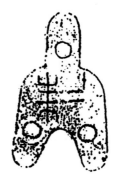

卅（關）背 十二朱 質地青銅 選自《歷代古錢圖說》

7. 東京日本銀行獵獲之多，驚煞泉界

1938年，日本出版奧平昌洪所著《東亞錢志》一書，該書卷四除收錄《古泉匯》二枚面文「南行唐」背兩、背十二朱三孔布手摹本外，還刊藏十二枚日本所藏三孔布原拓本，洋洋大觀，頓時令中國泉界目眩，大爲震動。

這十二枚三孔布，基本屬東京日本銀行所有。錢幣大家馬定祥回憶：「1989年在東京日本銀行貨幣博物館見到大小二十餘種藏品（三孔布），悉眞。我一生之中能目睹三孔布實物三十枚以上，也可稱幸事。」喜悅之情，溢於言表。

馬定祥在1989年見到日本銀行展示的是大小二十餘種三孔布，恐是記憶有誤，或非全是東京日本銀行所有。倘如所見眞是二十餘種，部分應屬日本藏家之物。

據1984年出版的《中國歷代貨幣大系‧先秦貨幣》一書所錄披露，東京日本銀行共有十六種計十八枚。剔去重複拓墨，例如張廷濟舊藏面文「下曲陽」，背兩‧十三一枚大型三孔布流向日本，已由東京日本銀行收藏。但日本銀行收藏三孔布之富，無疑是首屈一指。而日本泉界整體收藏三孔布數量當在三十餘枚之多。

《東亞錢志》發表後，中國泉界大老丁福保，深以當年主編《古錢大辭典》時，因未能獲得三孔布泉拓而引以爲憾事（該書僅有一枚三孔布墨拓本，餘皆採用李佐賢著《古泉匯》中之手摹本）。

翌年，丁福保主編《古錢大辭典拾遺》，即組織人節譯《東亞錢志》有關資料，並將這十二枚三孔布幣墨拓本轉錄於《拾遺》中。

按照《東亞錢志》等相關資料，剔去重複拓墨，至少有下列十枚新品種可肯定爲東京日本銀行所藏：①面文「上曲陽」，背兩‧

廿；②面文「上艾」，背十二朱・一；③面文「鄗」，背十二朱・二；④面文「關與」，背十二朱；⑤面文「鄔龘」，背十二朱・二二；⑥面文「新處」，背十二朱；⑦面文「輾」，背十二朱；⑧面文「余亡」，背十二朱・十；⑨面文「北九門」，背十二朱；⑩面文「下曲陽」，背十二朱・十一，均屬日本銀行所藏。

此外，面文「䣄」，背兩・廿；面文「石邑」，背兩・十七兩枚，背首穿孔上數字不同大型三孔布，也屬東京日本銀行收藏。

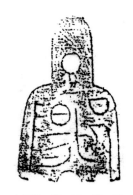

上曲陽　背　兩・廿　重10.2克　質地青銅　東京日本銀行藏

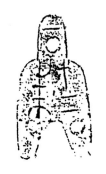

上艾　背　十二朱・一　重7.1克　質地青銅　東京日本
銀行藏

郘　背　十二朱・二　重6.8克　質地青銅
東京日本銀行藏

閼與　背　十二朱　重9.25克　質地青銅　東京
日本銀行藏

鄡鬲　背　十二朱・二二　重6.95克　質地青銅
東京日本銀行藏

新處　背　十二朱　重7.45克　質地青銅　東京
日本銀行藏

轅　背　十二朱　重6.7克　質地青銅　東京
日本銀行藏

余亡　背　十二朱・十　重7.45克　質地青銅
東京日本銀行藏

北九門　背　十二朱　重7.5克　質地青銅
東京日本銀行藏

下曲陽　背　十二朱‧十一　重9.05克　質
地青銅　東京日本銀行藏

宋　背　兩‧廿　重13.5克　質地青銅　東京
日本銀行藏

　　　　　　　　　　　　　黃金貨幣時代的新發現──三孔布新考

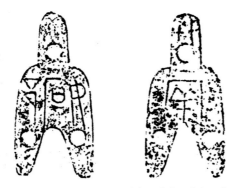

石邑　背　兩・十七　質地青銅　東京日本銀行藏

8. 昭和大泉家平尾贊平

平尾贊平是日本昭和時代的實業家和泉幣收藏大家，憑藉強大的經濟力量和廣泛的人脈，成爲昭和首屈一指的東亞錢幣收藏大家，僅朝鮮的「常平通寶」古泉就收有幾萬枚。

平尾贊平對中國古錢的收藏也著力甚多，僅三孔布就獨得三枚。平尾贊平收得的三枚是面文「下專」，背兩・三；面文「朱」，背兩・一；面文「平臺」，背十二朱・八。

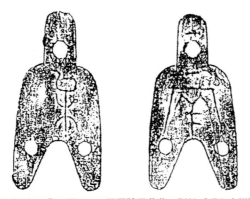

朱（牟）　背　兩・一　平尾贊平舊藏　刊於《昭和泉譜》

平尾贊平的珍藏，在其1943年2月去世之後，遺珍漸漸星散，至今中、日拍賣行仍在拍賣其藏泉，筆者多次光顧，已無星光燦爛之珍泉。不過其珍藏墨拓，由其後人平尾聚泉以「昭和泉譜」之名於1974年在日本出版，三枚三孔布珍姿仍婀娜多彩，身影迷人。

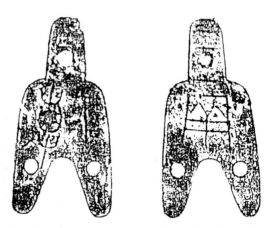

下專　背　兩·三　平尾贊平舊藏　刊於《昭和泉譜》

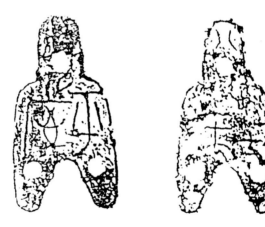

平臺　背　十二朱·八　平尾贊平舊藏　刊於《昭和泉譜》

　黃金貨幣時代的新發現──三孔布新考

9. 日本《貨幣》刊出「安陰」小型三孔布

日本貨幣協會會誌《貨幣》247期曾刊有日藏家一枚小型三孔布，面文「安陰」，背十二朱・十二。經核查，該枚小型三孔布也屬東京日本銀行所有，恐是後入手之物。

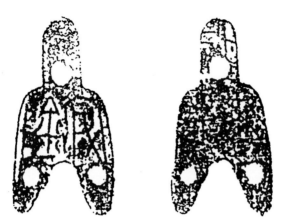

安陰　背　十二朱・十二　刊於日本《貨幣》雜誌247期
東京日本銀行藏

10. 發現不同面文二十七種三孔布

綜上所述，自清嘉慶金石家初尚齡在1820年首次披露有三孔布以來，至1949年的一百三十年間，經海內外收藏家的努力搜羅，共發現不同地名面文的三孔布二十七種：

①「朱」（釋貍或代），有大、小型。②「南行唐」，有大、小型。③「下曲陽」，有大、小型。④「上曲陽」，僅有大型。⑤「上專」，有大、小型。⑥「下專」，僅有大型。⑦「文雁鄉」（釋雁次），有大、小型。⑧「安陽」，有大・小型。⑨「家陽」

（或釋華陽），僅有大型。⑩「北九門」，僅有小型。⑪「平臺」，僅有小型。⑫「封斯」，僅有小型。⑬「石邑」，僅有大型。⑭「安陰」，僅有小型。⑮「上艾」，僅有小型。⑯「阿」，僅有小型。⑰「戲邑」，僅有小型。⑱「鄏」，有大、小型。 ⑲「邔陽」，僅有大型。⑳「關與」，僅有小型。㉑「鄡鬵」，僅有小型。㉒「關」，僅有小型。㉓「五陸」，僅有小型。㉔「新處」，僅有小型。㉕「懷」，僅有小型。㉖「渝陽」，僅有小型。㉗「余亡」，僅有小型。

　　這些先賢通過包括對三孔布等錢幣的搜集和研究，爲中國錢幣學與貨幣史的研究奠定了堅實的基石，特別是在先秦錢幣領域把空首布等從三皇五帝之類創製的神話中解放出來，框定了大致產生的正確的歷史年代。

　　其次，通過對三孔布等先秦錢幣面文上地理名詞等的解讀，對中國文字學的演變與歷史地理的變遷，做了內涵豐富的闡述，並實證了春秋戰國的文化與政經的發展。

　　其中尤以近代錢幣收藏家和研究家鄭家相對三孔布的研究最具開創性。鄭家相雖然自己沒有收藏三孔布，但作爲民國「中國泉幣學社」的中堅人物，憑藉其深厚的史學與國學的根底，運用實證比較研究的方法，從而推斷出：「圓肩圓足布之鑄，其時較晚。在汾水中游，如晉陽、平周及陰、茲等地，因感尖足之刺膚，改其制爲類方足，又感方足之刺膚，改其制爲類圓足，貨幣形制以便利爲條件，至是已有漸趨圓形之勢，而圓肩圓足布於以產生。」而三孔布正是這一圓肩圓足布家族的成員。

　　三孔布的收藏與研究，無論在錢幣學、貨幣史，還是在戰國歷史上，都是有「大珍」級價值的。

中共建國後徵集和發現的三孔布

1. 第一枚個人捐獻的「王夸」小型布

中共建國後，清皇宮也歸屬新朝，後被改稱為北京故宮。但是故宮除了皇家建築與園林等難以搬走的一些擺設外，所有國寶級文物精品，大抵被打箱運往台灣。

中共建國初期，搞統一戰線和聯合政府，一位懂文物的詩人、學者鄭振鐸擔任文化部副部長，分管國家文物局和故宮博物院。這位在中共聯合政府中的內行領導，對收集國寶文物十分上心。如以兩萬美金從香港收回張大千三件墨寶：「五代南唐顧閎中《韓熙載夜宴圖》、五代南唐董源《瀟湘圖》、五代從義《武夷山放棹圖》。」（實為張大千送寶回國）

如又以八十萬港元收購了陳仁濤收藏的珍稀錢幣，共一萬七千餘件，其中包括「阿」字面文等三孔布。但中共建國後從民間徵集到的第一枚三孔布，是1955年為一名不知名的個人收藏者捐獻的，面文為「王夸」，背十二朱的一枚小型三孔布。據收藏該枚三孔布的「首都博物館」介紹，該「布周邊與穿皆有郭，通長6、寬2.7厘米，重7克，兩足傷缺，後修復」。何琳儀先生釋為「望諸」，兩者古音相通，本戰國時趙慶都邑，其地今在河北望都縣西北三十里。

自該枚三孔布捐獻新聞後，終毛澤東時代（1949～1976年）就再也沒有相關報導，三孔布信息似已成空谷絕響。

王夸　背　十二朱　現存首都博物館

2. 山西朔縣北旺莊漢墓出土「宋子」小型布

　　據《中國錢幣》1984年四期朱華先生的〈山西省朔縣出土「宋
子」三孔布〉一文介紹，該枚面文「宋子」，背十二朱・一的三孔
布，是在該縣北旺莊一處漢墓中出土的。同時還有一枚趙「安陽」
小方足布及三枚漢半兩。因鑑於此，該枚面文「宋子」小型三孔布
是至今發現的三孔布家族中的第一枚，也是唯一一枚有出土履歷的
「子」幣，其地在今河北趙縣東北。

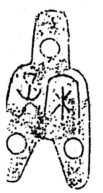

宋子　背　十二朱・一　重6.8克　山西朔縣出土

　　　　　　　　　　　黃金貨幣時代的新發現——三孔布新考

3.山西省公安局緝獲一枚「無終」小型三孔布

據1987年第三期《中國錢幣》報導：「1986年6月間，山西省公安部門在晉南緝獲走私文物中發現兩枚布幣，一枚是『無終』三孔布，一枚是圓肩弧襠方足『共半釿』布（見下頁拓片）。這是繼『宋子』三孔布以後又一次新發現。」

作者朱華先生介紹：「通長5.4、寬2.8厘米，重7.3克。形體與重量和1983年4月朔縣北旺莊漢墓出土的宋子三孔布一致，均屬小型三孔布。面文『亡（無）邾（終）』二字，背文『十二朱（銖）』，布首穿孔上『十三』二字。」

據《漢書·樊噲傳》：「以將軍從攻反者韓王信於代。自霍人以往至雲中，與絳侯等共定之，益食千五百戶。因擊陳豨與曼丘臣軍，戰襄國，破柏人，先登，降（之）定清河、常山凡二十七縣，殘東垣，遷爲左丞相。破得綦母卬、尹潘軍於無終、廣昌。」

朱華先生認爲：「廣昌在漢時屬代郡，故城在今河北省淶源縣北，與山西北部相鄰，北面爲蔚縣，即漢之代縣，古之代國，和廣昌相鄰的無終，戰國時應屬趙無疑。鑄三孔布的無終當屬與廣昌相鄰的無終，亦即雲中境內。」

中國大陸自上世紀八十年代推出改革開放政策以後，大規模的基建工程與公路建設在全國鋪天蓋地的推展。地不愛寶，各種珍稀文物也不斷出土。與此同時，全國也形成了「一切向錢看」的道德轉向，蔓延全國的盜墓風也持續不斷，造成「十墓十空」的局面。「無終」三孔布的被緝獲，可能是掛一漏萬的機運。「宋子」與「無終」兩枚小型三孔布現均入藏山西省博物館，爲該館錢幣藏品中的鎮館之寶。

無終　背　十二朱・十三　現存山西省博物館

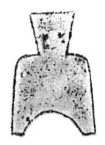

共半釿　平首圓肩弧襠方足布　現存山西省博物館

4. 陝西神木縣出土「㢉」字小型三孔布

　　據1993年第三期《中國錢幣》程紀中、童子玉、馬漢民三位
作者聯合署文介紹：「1992年10月下旬，中國錢幣博物館徵集到一
枚三孔布新品。據了解，此枚三孔布出土於陝西神木縣，近年來隨
著神木一帶基本建設的開展，時有古錢幣自墓葬或窖藏出土。該布
爲小型三孔布（見下頁拓圖），通體長5.5，身寬2.7厘米，重8.17
克，面文作『㢉』，背文爲『十二朱・十』。正面主要部位及首部
均呈深藍黑色銹，兩足部呈深綠銹，背面通體顯深藍銹間暗綠銹

斑。整體形制規整自然，鑄幣文字清晰順暢，品相甚佳。經審定，
斷爲眞品無疑。」

三位作者請教了著名史學家李學勤先生，判斷該枚小型三孔
布面文爲「封氏」，並進而解釋爲「封氏」應指戰國時地名「封
斯」，地望在今河北省趙縣西北。

而著名錢幣學家、史學家、文字學家何琳儀、吳良寶、黃錫
全及張潤澤等，認爲該面文不能釋爲「封」，因爲「封」字從土，
無一例外，字的底部不出頭。趙國三孔布面文「𢓓」的右旁不讀
「封」是可以確定的。並主張釋爲「乇」，即毛城，在河北涉縣以
西，戰國屬趙。張潤澤更通過實地考察並結合文獻記載進行了考
辨，得出：「漢代毛城即戰國趙國三孔布『乇』的具體位置當在今
河北涉縣以西的毛岭底村，東遼城村和西遼城村一帶。」

筆者採「乇」字說。

乇　背　十二朱‧十　重8.17克　陝西神木縣
出土　中國錢幣博物館藏

5. 黃錫全披露「大酉」小型三孔布殘布

據黃錫全先生在《先秦貨幣研究》一書中披露，該幣是其「近
期所見」。該書出版於2001年，作者後記寫於2000年冬，其所見當

在2000年冬前或冬至。

黃錫全先生在文中介紹:「據此枚錢幣收藏者說,這枚三孔布出土於陝北一帶。」而「此布下面被平齊切去,不見二孔,似人為所致。銹色與銅體一致」。據黃先生考證,面文「『大酉』即扶柳,《戰國策・趙策》:『趙攻中山,取扶柳』,其地在河北冀縣西北,原屬中山國,戰國晚期屬趙」。

大酉　背　十二朱　傳出土於陝北一帶

6. 邯鄲一帶出土的新品「郭」字小型三孔布

據《中國錢幣》2013年第二期黃錫全先生介紹,該枚小型三孔布是其近期親見,背首穿孔上數字「二十一」,「據說十多年前該三孔布面世於邯鄲一帶」。十多年前,即在2000年前後,按面世順序,當在大酉之後。

經黃先生考訂,該幣面文釋為「郭」,「其地在今山西渾源西麻莊,西南距繁峙不遠,戰國屬趙」。

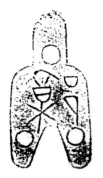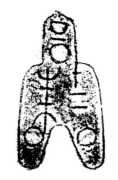

郭　背　十二朱・二十一　傳出土於河北邯鄲一帶

7. 河北邢台出土「陽郾」小型三孔布

　　據2005年第二期《中國錢幣》黃錫全先生〈新見三孔布簡釋〉一文介紹：「2003年11月，筆者見到一枚小型三孔布『陽郾』。此布生坑綠銹，下部左右兩孔中間以下殘去，背首穿孔上方所鑄數字不清，背部鑄文『十二朱』。面部鑄文二字，上下排列，與目前所見具有兩個字為左右排列的三孔布有所區別。據說此布出自河北邢台一帶，同出還有幾枚尖足布。根據銹色、文字風格，『據說』當屬可信。」

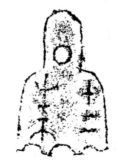

陽郾　背　十二朱　傳出土於河北邢台一帶

經黃先生考訂：「此枚『陽鄅』三孔布，我們主張釋讀爲『陽源』，即『陽原』。其地在河北陽原縣西南，東距趙東安陽不遠，戰國當屬趙。西漢置陽原縣，隸《漢書·地理志》代郡，其名當本於戰國。」

8.山西北部出土「㱿」字大型三孔布

黃先生在該文中還釋讀了一枚「㱿」字大型三孔布。據說「此枚出自山西北部，與『藺』字圓足布粘在一起」。文中介紹「開元泉社」網站（http://kaiyuanquanshe.com）「高古錢幣」欄目順天齋公布一枚新品大型三孔布，生坑綠銹，有藍斑黃斑，面文有一字，清晰可辨，不見著錄。收藏者感慨不已，於圖片下記云：「對於收藏家而言，一生的藏品中能有幾枚令人刻骨銘心的頂級錢幣孤品，實在是寥若晨星！」可見收藏者的激動與喜悅之情。

經黃先生考釋該幣面文爲「㱿」字，即「顧」與「鼓」相同之讀音。考釋後，黃先生「傾向於三孔布的『㱿』爲山東范縣『顧』的可能性大」。

9.山西五寨縣發現「罰」字大型三孔布

2012年第四期《中國錢幣》登有黃錫全先生〈介紹一枚「罰」字三孔布〉一文。黃先生介紹：2008年11月，筆者見到一枚三孔布圖片，後來見到實物，據說出自山西太原西北的五寨縣。當時因面文地點一時難以確定，故一直沒有公開發表意見，僅爲唐晉源先生所藏這枚三孔布拓片做了題跋。

現在見有圖書著錄了這枚布的拓圖，注云「陝西大唐西市博物

館藏」，並將銘文釋讀爲「陽台」，故而有必要介紹一下這枚布及個人的一點看法，以便大家深入研究。

此布紅斑藍銹。背面首部爲數目字「三」。身部正中爲「兩」字。正面中部一字。通高71、首長22、首寬13、身部下寬36、身部上寬29、首部孔徑7、身部孔徑6mm。

此爲三孔布大者「一兩」。「兩」上無一橫，與以往著錄「兩」字之上均有一橫者有別。面文一字，與下列戰國文字「罰」，尤其是與三晉係中山器文字特點相同，應該釋讀爲「罰」字。

罰、伐音同字通。如《史記‧天官書》：「可以罰人。」《漢書‧天文志》，罰作伐。

古地名有發干，漢置侯邑，見《漢書‧地理志》東郡，在山東堂邑縣西南，王莽曰戢楯。筏與戢義近（舟楫）。干與楯義近（干盾）。發干可能原本作筏干，故王莽如此改名。

罰，一字；發干，二字。罰與筏干或發干，可能爲時間先後不同，因某種原因有變，如同肥與肥累，垣與王垣，晉都絳或稱翼等。也有可能爲急讀、緩讀之別，如同邾與邾婁（《公羊傳》），取與取慮（取盧匽）……罰、伐、發，月部。干，元部。月、元古音對轉。

發干西距冠縣及三晉黃城不遠。冠縣戰國時期先屬魏，後屬趙。黃城，本趙邑，後屬魏，戰國晚期又屬趙。

黃錫全先生「罰」字論考出後，至今尚無爭鳴之文，故筆者取黃說。

罰字三孔布原右足殘，後經修補。

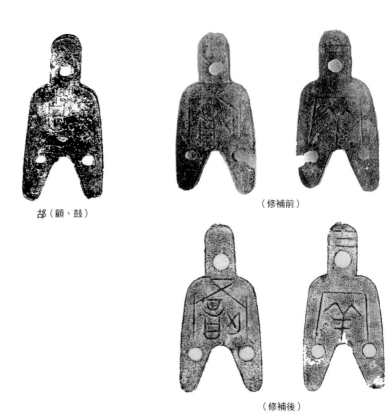

郆（顧、鼓）　　　　　　　　　（修補前）

（修補後）

罰　背　兩・三　現存陝西大唐西市博物館

10. 新品種「建邑」面世

　　2010年第一期《中國錢幣》雜誌，刊登了黃錫全先生發表的題爲：「介紹一枚新品三孔布『建邑』」的文章。

　　黃文說：「2008年上半年，筆者見到一枚三孔布照片，後來又見到實物，經過審視斟酌，反覆琢磨其上的文字，並徵求了有關學者的意見，認爲沒有什麼問題。」

該枚三孔布近似熟坑（出土已久，經把玩而有包漿)，通高5.5、足部寬2.8厘米，重7.6克。首部與右足有殘。背面首部穿孔上「十」爲「七」字，背鑄十二朱。

　　黃先生釋爲「建邑」。並指該「建邑」當是河北交河之「建成」（城）。

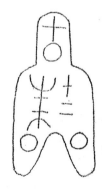

建邑　背　十二朱・七

黃錫全先生手摹「建邑」拓圖

第四節

收藏三孔布之緣起與藏品

1. 我收藏金、銀、銅三孔布之緣起

自上世紀九十年代初起，中國地下出土文物大量流出海外，中國歷代珍稀錢幣在香港、東瀛等海外古玩市場、錢幣市場，甚至跳蚤市場都時有發現。如「淳化元寶」背佛像金錢、包金梁釿布等，便在香港錢幣市場出現。

筆者發覺這些珍稀錢幣，如三孔布都是國寶級文物，遑論是尚未披露於世的金、銀質三孔布。

歷史在新的時代條件下似乎又再重演，三孔布金、銀、銅三兄弟又不斷流向東瀛，那種很可能又要被他人收購而落戶異鄉爲異客的國寶命運，令人嗟嘆神傷。

二十餘年來，我傾家財，有時舉債也罷，不斷收購流向東瀛與海外的三孔布及其他珍稀錢幣，特別是先秦金銀幣。地不愛寶，唯人愛之。此乃中華文明的源泉之水，文藝復興之夢，薪火傳承，豈容猶疑，吾道雖孤而往之。

目前中國大陸正處經濟建設之盛世，文物收藏熱方興未艾，錢幣收藏與研究，正處在上世紀三十年代民國高潮之後的又一個高潮奔湧之際。

據黃錫全先生研究統計，目前三孔布已有面文地名共三十八種。筆者僅將個人多年來收購的七十餘種金、銀、銅三孔布披露於

世，以期盛世之會，並供方家愛好者同賞與研究。

2. 已發現的三十八種我所擁有的藏品

　　爲敘述排比研究方便，筆者按黃錫全先生在《先秦貨幣通論》著作中「三孔布」一節的順序，將我所收藏的金、銀、銅三孔布一一道來。（先敘者爲已發現物，全爲青銅質，出處略，見前介紹；文字說明，則在後文概述。）

宋子 [1]

「宋子」，屬小型布。背首穿孔上鑄數字「一」，背面鑄十二朱。

筆者有「宋子」金質三孔布大型布、小型布各一枚。大型布背首孔上數字「十七」，背鑄一兩；小型布背鑄十二朱。「宋子」銀質三孔布大型布、小型布各一枚。大型布背首孔上數字「十七」，背鑄一兩；小型布背鑄十二朱。
「宋子」青銅三孔布，屬小型布，背鑄十二朱。

布名	釋文	材質	通長	面寬	重量	背文	有關文獻及年代	地望	考釋者
宋子	宋子	金	7.2	3.8	24.55克	兩·十七	《地理志》巨鹿郡宋子縣	河北趙縣東北	朱華
		銀	7.2	3.8	11.08克	兩·十七			
		金	5.3	2.8	14.04克	十二朱			
		銀	5.3	2.8	5.91克	十二朱			
		銅	5.6	2.8	10.67克	十二朱			
		銅	5.3	2.8	9.91克				

注釋：青銅小型「宋子」三孔布，「子」字書體不一，一為「𠫓」一為「𠃠」。

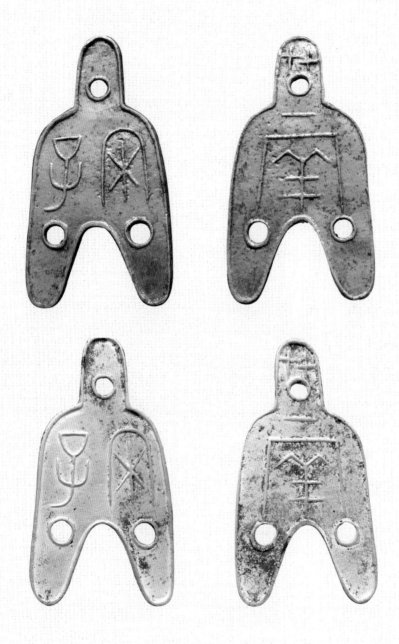

黃金貨幣時代的新發現——三孔布新考

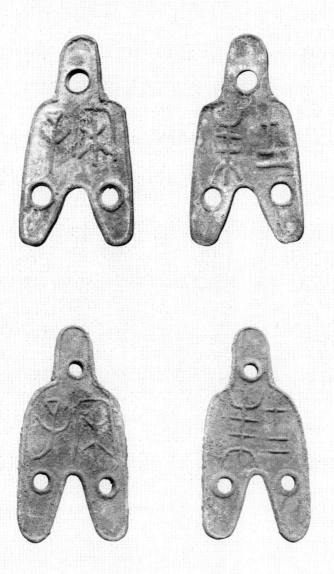

亡 郊 ₂

「亡郊」（釋為無終），屬小型布，背首穿孔上鑄數字「十三」，背鑄十二朱。

筆者有「無終」金質三孔布小型布一枚，背首穿孔上數字「十三」，背鑄十二朱。
「無終」銀質三孔布小型布一枚，背首穿孔上數字「十三」，背鑄十二朱。

布名	釋文	材質	通長	面寬	重量	背文	有關文獻及年代	地望	考釋者
A吊比	無終	金	5.4	2.8	15.30克	十二朱・十三	《漢書・樊噲傳》「破得綦母卬、尹潘軍於無終、廣昌」	雲中代郡	朱華
		銀	5.4	2.8	10.22克	十二朱・十三			

黃金貨幣時代的新發現——三孔布新考

髦 3

「髦」，屬小型布，背首穿孔上鑄數字「十」，背面鑄十二朱。

筆者有金質三孔布小型布一枚，背首穿孔上鑄數字「十」，背面鑄十二朱。

布名	釋文	材質	通長	面寬	重量	背文	有關文獻及年代	地望	考釋者
髦	毛	金	5.2	2.8	11.66克	十二朱・十	《三國志・魏志・武帝紀》「建安九年，武安君尹楷屯毛城	河北涉縣西	何琳儀

南行易 4

南行易（釋南行唐），有大小二型，背分別鑄一兩、十二朱。

筆者有「南行唐」金質三孔布大型布、小型布各一枚。大型布背首穿孔上數字「一」，背鑄一兩；小型布背鑄十二朱。
銀質「南行唐」三孔布大型布、小型布各一枚，大型布背首穿孔上數字「一」，背鑄一兩；小型布背鑄十二朱。

布名	釋文	材質	通長	面寬	重量	背文	有關文獻及年代	地望	考釋者
南行唐	南行唐	金	7.6	3.8	25.02克	兩·一	《趙世家》惠文王八年「城南行唐」	河北行唐一帶	裘錫圭
		銀	7.6	3.8	12.54克	兩·一			
		金	5.3	2.9	13.20克	十二朱			
		銀	5.3	2.9	7.06克	十二朱			

注釋：「南行唐」之大小型三孔布，「南」字書體有異。

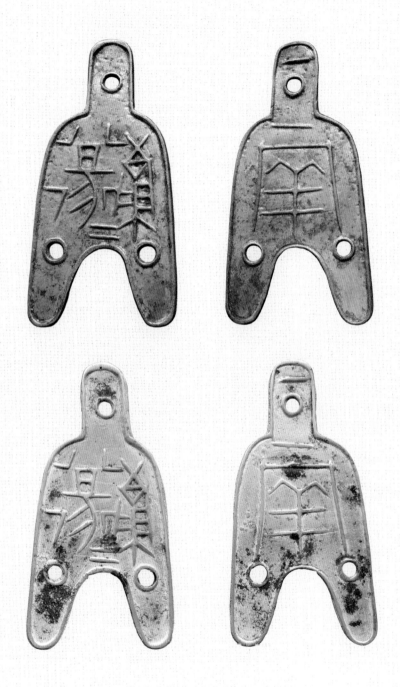

黃金貨幣時代的新發現──三孔布新考

上芿 ₅

「上芿」（釋上艾），屬小型布，背首穿孔上數字「一」，背鑄十二朱。

筆者有「上艾」金質三孔布大型布、小型布各一枚。大型布背鑄一兩；小型布背首穿孔上數字「一」，背鑄十二朱。

銀質「上艾」三孔布大型布、小型布各一枚。大型布背鑄一兩；小型布背首穿孔上數字「一」，背鑄十二朱。

布名	釋文	材質	通長	面寬	重量	背文	有關文獻及年代	地望	考釋者
芿上	上艾	金	7.4	3.8	27.64克	兩	《地理志》太原郡上艾縣	山西平定東南	裘錫圭
		銀	7.4	3.8	11.33克	兩			
		金	5.4	2.8	13.76克	十二朱·一			
		銀	5.4	2.8	8.74克	十二朱·一			

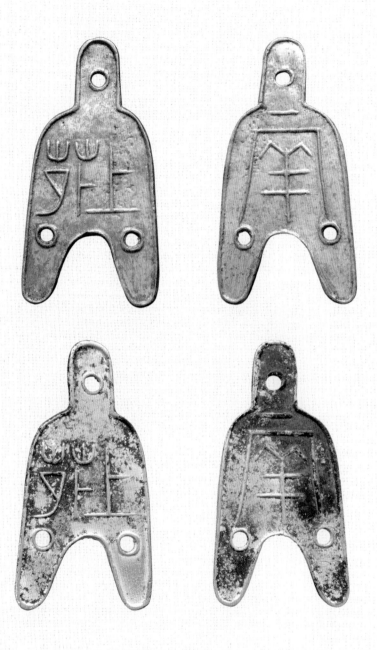

平臺 6

「平臺」，有大小型。大型見方若攘契齋商承祚藏原拓本影摹。大型布僅面文有影摹，背文拓摹無。小型布背首穿孔上鑄數字「二十」。

筆者有「平臺」金質三孔布大型布、小型布各一枚，大型布背首穿孔上數字「一」，背鑄一兩；小型布背首穿孔上數字「二十」，背鑄十二朱。

銀質「平臺」三孔布大型布、小型布各一枚。大型布穿孔上數字「一」，背鑄一兩；小型布穿孔上數字「二十」，背鑄十二朱。另有面文「平臺」，但書體不同，背首穿孔上數字「八」，背鑄十二朱，銀質小型三孔布一枚。

青銅質「平臺」三孔布小型布，背鑄十二朱。

布名	釋文	材質	通長	面寬	重量	背文	有關文獻及年代	地望	考釋者
岙平	平臺	金	7.1	3.8	25.97克	兩·一	《地理志》常山郡平台縣	河北平山東北	裘錫圭
		銀	7.1	3.8	15.14克	兩·一			
		金	5.0	2.7	12.67克	十二朱·二十			
		銀	5.0	2.7	6.43克	十二朱·二十			
		銅	5.6	2.8	8.99克	十二朱			
		銀	5.4	3.0	7.68克	十二朱·八			

黃金貨幣時代的新發現——三孔布新考

收藏三孔布的緣起與藏品

下專 7

「下專」，屬大型布，背首穿孔上鑄有數字「十五」、「十六」等。

筆者有「下專」金質三孔布大型布、小型布各一枚。大型布背首穿孔上數字「一」，
背鑄一兩；小型布背首穿孔上數字「二」，背鑄十二朱。

銀質「下專」三孔布大型布、小型布各一枚。大型布背首穿孔上數字「一」，背鑄一
兩；小型布背首穿孔上數字「二」，背鑄十二朱。

青銅質「下專」三孔布大型布、小型布各一枚。大型布背首穿孔上數字「十七」，背
鑄一兩；小型布背鑄十二朱。

布名	釋文	材質	通長	面寬	重量	背文	有關文獻及年代	地望	考釋者
下專	下專	金	7.2	3.9	28.11克	兩·一	《地理志》信都國下博縣	河北梁縣東	裘錫圭
		銀	7.2	3.9	17.40克	兩·一			
		金	5.3	2.8	14.04克	十二朱·二			
		銀	5.3	2.8	8.57克	十二朱·二			
		銅	7.0	3.6	16.01克	兩·十七			
		銅	5.6	2.8	8.96克	十二朱			

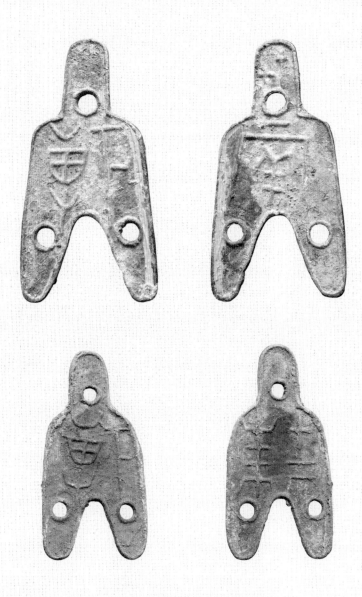

上専 ₈

「上専」，有大小二型。大型布背首穿孔上數字「十九」、「二十」等。小型布背首穿孔上有數字「二十」。

筆者有「上専」金質三孔布大型布、小型布各一枚。大型布背鑄一兩，小型布背鑄十二朱。
銀質「上専」三孔布大型布一枚，背鑄一兩。
青銅質「上専」三孔布大型布一枚，背鑄兩；小型布二枚，背鑄十二朱。

布名	釋文	材質	通長	面寬	重量	背文	有關文獻及年代	地望	考釋者
上専	上専	金	7.5	3.8	28.53克	兩		在下博北	裘錫圭
		銀	7.5	3.8	17.40克	兩			
		金	5.1	2.8	11.10克	十二朱			
		銅	7.1	3.7	22.32克	兩			
		銅	5.5	2.8	10.84克	十二朱			
		銅	5.1	2.8	9.38克	十二朱			

注釋：筆者懷疑「上専」青銅質大小型三孔布背首穿孔上數字均爲銹泐所成，拓圖筆劃非刻範鑄就之形體。

黃金貨幣時代的新發現——三孔布新考

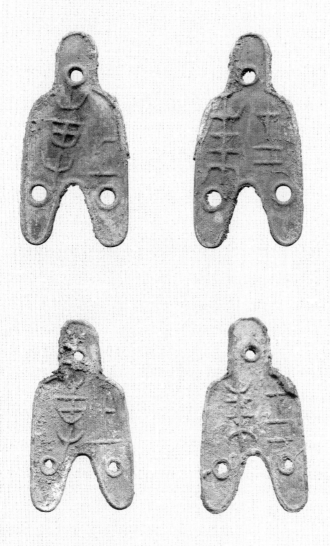

阿 9

「阿」，屬小型布，背首穿孔上數字「二十」。

筆者有「阿」金質三孔布小型布一枚，背首穿孔上數字「二十」，背鑄十二朱。銀質「阿」三孔布小型布一枚，背鑄十二朱。

布名	釋文	材質	通長	面寬	重量	背文	有關文獻及年代	地望	考釋者
阝可	阿	金	5.4	2.7	14.90克	十二朱·二十	《趙世家》成候十九年「與燕會阿」	河北安新縣東	裘錫圭
		銀	5.4	2.7	6.65克	十二朱·二十			

北九門 10

「北九門」，屬小型布，背首穿孔上有「一」、「三」等。

筆者有「北九門」金質三孔布大型布、小型布各一枚。小型布背鑄十二朱，而大型布背卻非通常的鑄一兩字。

該大型布背鑄「𣏾」，但與小型布的十二朱寫法又不同。豎｜中無一橫，卻有代表一橫的星點，應讀十。大型銀質三孔布「北九門」的文體也與此相同。此外，筆者藏有「戲」、「郭」、「建邑」三種大型金銀質三孔布也都背鑄十二朱。不過與「北九門」的寫法又不同，書體均與小型三孔布十二朱寫法同，但卻自左至右，而非通常的自右至左。即有「傳形」的現象。

筆者還有銀質「北九門」三孔布大型布、小型布各一枚。大型布背文同金質，小型布背鑄十二朱。

青銅質「北九門」三孔布小型布二枚，背鑄十二朱。

布名	釋文	材質	通長	面寬	重量	背文	有關文獻及年代	地望	考釋者
九北 門日	北九門	金	7.0	3.7	26.69克	𣏾	《地理志》常山郡九門縣	河北藁城西北	裘錫圭
		銀	6.8	3.7	15.37克	𣏾			
		金	5.3	2.8	11.41克	十二朱			
		銀	5.3	2.8	5.10克	十二朱			
		銅	5.2	2.7	7.79克	十二朱			
		銅	5.2	2.7	7.40克	十二朱			

　　　　　　　　　　　　　　　黃金貨幣時代的新發現——三孔布新考

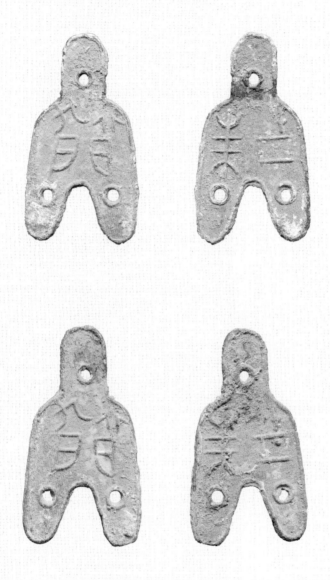

安陽

安陽 11

「安陽」（東），有大小二型。大型下部殘，背首穿孔上有數字「十二」。

筆者有金質「安陽」三孔布小型布一枚，背鑄十二朱。
銀質「安陽」三孔布小型布一枚，背鑄十二朱。
青銅質「安陽」三孔布小型布一枚，背鑄十二朱。

布名	釋文	材質	通長	面寬	重量	背文	有關文獻及年代	地望	考釋者
得向	安陽（東）	金	5.1	2.8	12.36克	十二朱	《地理志》代郡東安陽	河北陽原東南	裘錫圭
		銀	5.1	2.8	6.11克	十二朱			
		銅	5.2	2.75	7.08克	十二朱			

注釋：唐石父先生主編之《中國古錢幣》（2001年上海古籍出版社）一書中有談到三孔布「安陽」小型布為偽幣一節，說：「三孔布背文的朱（銖）字，寫作『羕』是戰國文字的特點」。安陽三孔布背文十二朱之朱紀，卻作「半」，丟掉了垂筆，於是十二朱一變而為「十二丰」，就不能反映三孔布背文是紀重的實際，「當時人絕不會出現這種錯誤的，這是作偽者不通文字學的結果」。

筆者對此不敢苟同，其文字學論點也不符戰國文字學之事實，戰國「朱」字有多種寫法，如圜錢「珠重一兩・十四」的珠字，就有幣文寫作「玨半」朱字也「丟掉了垂筆」。當然，這絕不是當時人「丟掉的」，而是實有此寫法。「朱」字另有羕、米、羋等寫法。筆者收集到的金、銀、銅三種質地「安陽」小型布，十二朱都為「十二半」，與圜錢「珠重一兩・十四」相同，是戰國書體。然而「安陽」小型三孔布之「十二朱」確與其他小型三孔布「十二朱」書寫不同。這說明三孔布的形制雖是規整，文字風格有大篆方折筆劃特點，但背體書風也不統一，如「兩」字有肥瘦之分，更有錯作「十二朱」的。這表明各地方鑄三孔布時，仍無「樣錢」，有一定的地方性和隨意性，甚至出現相異版式，唐石父先生的「安陽」三孔布為偽幣説是錯誤的，應予正名。

098   黃金貨幣時代的新發現──三孔布新考

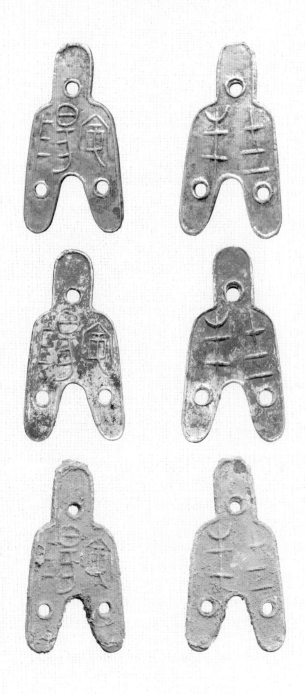

五陘 12

「五陘」（釋為五陘），屬小型布。

筆者有「五陘」金質三孔布小型布一枚，背鑄十二朱。
銀質「五陘」三孔布小型布一枚，背鑄十二朱。

布名	釋文	材質	通長	面寬	重量	背文	有關文獻及年代	地望	考釋者
	五陘	金	5.5	3.0	13.46克	十二朱	《趙策二》「絕五陘」。太行有八陘，第五陘為井陘	河北井陘北	裘錫圭
		銀	5.5	3.0	7.72克	十二朱			

朱 13

「朱」（現釋為代或狸，筆者認為應釋為代）有大小型。大型布背首穿孔上有數字「一」、「三」、「二十」等，小型布有「二十」等。

筆者有「朱」金質三孔布大型布二枚，小型布一枚。大型布背首穿孔有數字均為「一」，背鑄一兩；小型布背首穿孔上數字「一」，背鑄十二朱。
銀質「朱」三孔布大型布二枚，背首穿孔上有數字為「一」、「一」，背均鑄一兩。
筆者發覺「朱」字布之篆文，有大字和小字的區別。
青銅質「朱」大型布二枚，背鑄一兩。

布名	釋文	材質	通長	面寬	重量	背文	有關文獻及年代	地望	考釋者
大字版 小字版	代（大）	金	7.2	3.8	26.65克	兩·一	《趙世家》趙武靈王二十六年，復攻中山，攘地北至燕、代	山西代縣西北	裘錫圭
	（小）	金	6.9	3.8	24.22克	兩·一			
	（大）	銀	7.2	3.8	14.24克	兩·一			
	（小）	銀	7.2	3.8	11.64克	兩·一			
		金	5.4	2.8	13.29克	十二朱·一			
	（大）	銅	7.2	3.8	18.15克	兩			
	（大）	銅	7.2	3.6	22.39克	兩			

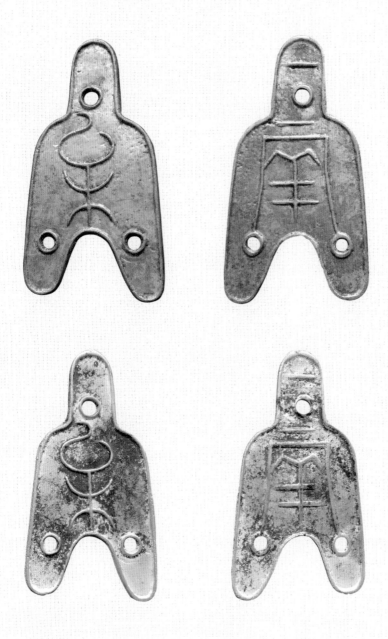

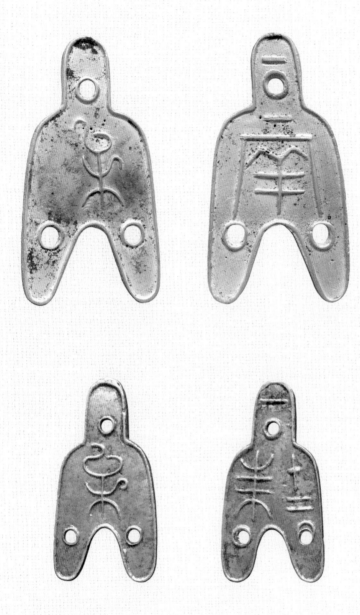

石邑 14

「石邑」，屬大型布。背首穿孔上鑄有數字「十七」。

筆者有「石邑」金質三孔布大型布、小型布各一枚。大型布背首穿孔上有數字
「十七」，背鑄一兩；小型布背鑄十二朱。

銀質「石邑」三孔布大型布、小型布各一枚。大型布背首穿孔上數字「十七」，背鑄
一兩；小型布背鑄十二朱。

青銅質「石邑」三孔布大型布二枚，背首穿孔上數字「十七」，背鑄一兩。

布名	釋文	材質	通長	面寬	重量	背文	有關文獻及年代	地望	考釋者
𝌵𝌵	石邑	金	7.2	3.8	27.38克	兩·十七	《地理志》常山郡石邑縣	河北獲鹿東南	裘錫圭
		銀	7.1	3.7	20.77克	兩·十七			
		金	5.4	2.8	13.91克	十二朱			
		銀	5.4	2.8	7.06克	十二朱			
		銅	7.0	3.6	22.96克	兩·十七			
		銅	6.8	3.6	20.11克	兩·十七			

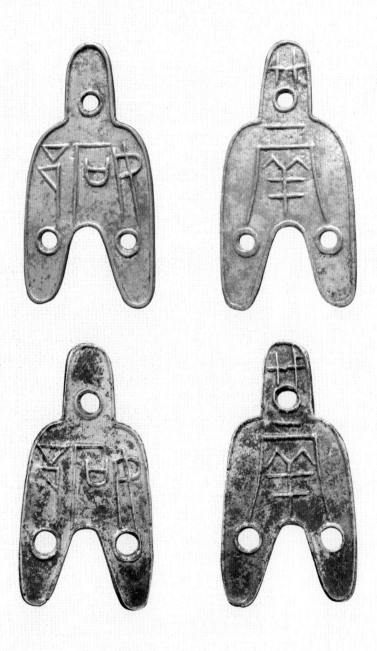

黃金貨幣時代的新發現——三孔布新考

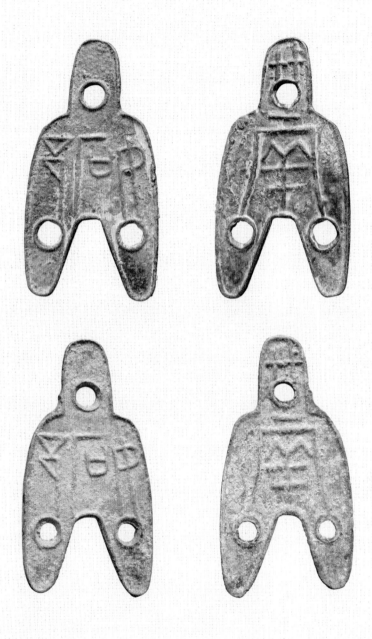

上邔陽 15

「上邔陽」（釋為上曲陽），屬大型布，背首穿孔上有數字「二十」。

筆者有「邔陽」金質三孔布小型布一枚，背鑄十二朱。
銀質「邔陽」三孔布小型布一枚，背鑄十二朱。
青銅質「邔陽」三孔布小型布一枚，背鑄十二朱。
筆者認為現釋為「上曲陽」的三孔布，「上」字係青銅銹變訛成，布文本無上字，本書第一章11頁、第二章168-169頁，均有說明。

布名	釋文	材質	通長	面寬	重量	背文	有關文獻及年代	地望	考釋者
邔陽	曲陽	金	5.3	2.8	12.01克	十二朱	《趙世家》趙武靈王二十一年，攻中山。……合軍曲陽，取丹丘、華陽、鴟之塞	河北曲陽一帶	楊中美
		銀	5.3	2.8	6.93克	十二朱			
		銅	5.7	2.8	8.79克	十二朱			

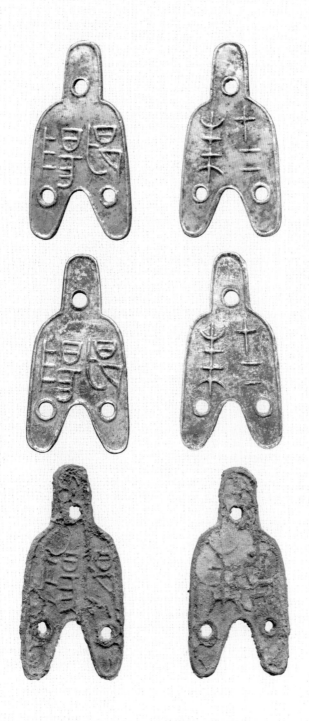

下邱陽 16

「下邱陽」（釋爲下曲陽），有大小二型。大型布背首穿孔上有數字「十七」，小型布有「十一」。

筆者有銀質「下邱陽」三孔布大型布一枚，背首穿孔上數字「二十一」，背鑄一兩。青銅質「下邱陽」大型三孔布三枚（新增收兩枚），背首穿孔上數字「二十一」，背鑄一兩。另有相連兩布，係鑄後脫範尚未加工。

布名	釋文	材質	通長	面寬	重量	背文	有關文獻及年代	地望	考釋者
陽下 邱	下曲陽	銀	7.1	3.7	20.65克	兩‧二十一	《地理志》常山郡上曲陽	河北曲陽西	李學勤
		銅	7.1	3.7	18.76克	兩‧二十一			
		銅（連布）	13.80	3.7	38.89克	兩‧二十一			

注釋：「下曲陽」大型三孔布背首穿孔上應爲「二十一」穿孔上右側「卞」爲合文「十一」，左側爲「十」，合爲「二十一」。筆者以爲現在流行的背首穿孔上數字「十七」應讀「二十一」。

黃金貨幣時代的新發現──三孔布新考

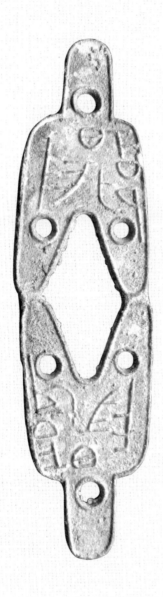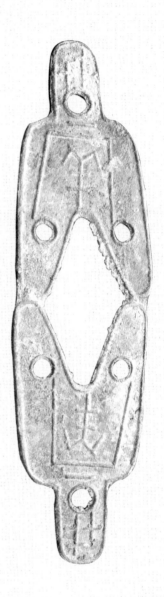

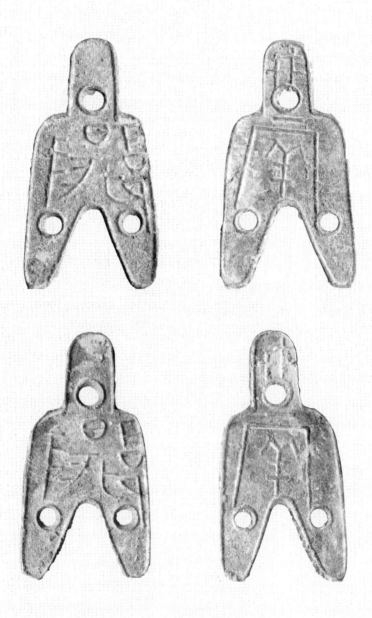

新處 17

「新處」，屬小型布。

筆者有金質「新處」大型三孔布一枚，背首穿孔上數字「四」，背鑄十二朱。
銀質「新處」大型三孔布一枚，背首穿孔上數字「四」，背鑄十二朱。

布名	釋文	材質	通長	面寬	重量	背文	有關文獻及年代	地望	考釋者
鉽平	新處	金	7.4	3.8	24.10克	十二朱・四	《地理志》中山國新處縣	河北定縣東北	李家浩。注：銅質三孔布字有銹變
		銀	7.4	3.8	12.29克	十二朱・四			

陽晉 18

「陽晉」屬小型布。

筆者有金質「陽晉」，三孔布小型布，背十二朱。
銀質「陽晉」三孔布小型布，背十二朱。

布名	釋文	材質	通長	面寬	重量	背文	有關文獻及年代	地望	考釋者
陽晉	陽晉	金	5.3	2.8	13.38克	十二朱	《郡國志》今衛國陽晉城	山東鄆城之西	黃錫全，原字略有銹變
		銀	5.3	2.8	6.85克	十二朱			

封斯 19

「封斯」，屬小型布。

筆者有金質「封斯」三孔布小型布一枚，背十二朱。
銀質「封斯」三孔布小型布一枚，背十二朱。

布名	釋文	材質	通長	面寬	重量	背文	有關文獻及年代	地望	考釋者
𠂤𣃚	封斯	金	5.6	2.8	13.67克	十二朱	《地理志》常山郡封斯縣	河北趙縣西	汪慶正
		銀	5.6	2.8	7.40克	十二朱			

戲 20

「戲」，屬小型布，背首穿孔上有數字「十二」。

筆者有金質「戲」大型三孔布一枚，背首穿孔上數字「十二」，背鑄十二朱。
銀質「戲」大型三孔布一枚，背首穿孔上數字「十二」，背鑄十二朱。

布名	釋文	材質	通長	面寬	重量	背文	有關文獻及年代	地望	考釋者
戲	戲	金	7.3	3.8	29.38克	十二朱·十二	《逸周書世俘解》：呂他命伐越、戲、方	河南內黃西北	何琳儀。注：幣文原拓略有誤
		銀	7.3	3.8	14.54克	十二朱·十二			

鄟 21

「鄟」（釋為權），有大小二型。大型布面文為手摹，小型布面文漫漶不清，背首穿孔上有數字「二」。

筆者有「鄟」金質小型布一枚，背首穿孔上有數字「二」，背鑄十二朱。

布名	釋文	材質	通長	面寬	重量	背文	有關文獻及年代	地望	考釋者
鄟	金	5.4	2.9	12.41克	十二朱·二	《燕策一》權之難	河北正定北		何琳儀。原拓文嚴重失實，應待考

褱 22

「褱」（釋為懷），有大小二型，大型布面文為手摹，背首穿孔上有數字「二」。

筆者有「褱」金質三孔布小型布一枚，背鑄十二朱。
銀質「褱」三孔布小型布一枚，背鑄十二朱。

布名	釋文	材質	通長	面寬	重量	背文	有關文獻及年代	地望	考釋者
車	懷	金	5.4	2.9	12.57克	十二朱	《尚書·高貢》：覃懷底績。	河南武陟縣西南	黃錫全
		銀	5.4	2.9	7.37克	十二朱			

黃金貨幣時代的新發現——三孔布新考

家陽 23

「家陽」（釋為華陽），屬大型布，背首穿孔上有數字「十三」。

筆者有金質「華陽」大型三孔布一枚，背首穿孔上數字「十二」，背鑄一兩。
銀質「華陽」大型三孔布一枚，背首穿孔上數字「十二」，背鑄一兩。

布名	釋文	材質	通長	面寬	重量	背文	有關文獻及年代	地望	考釋者
陽窗	華陽	金	7.8	4.0	26.54克	兩·十二	《趙世家》武靈王二十一年，「攻取丹丘、華陽、鴟之塞」	河北唐縣西北	何琳儀
		銀	7.8	4.0	15.62克	兩·十二			

注釋：疑青銅質大型三孔布，背首穿孔上數字也是「十二」，多出一橫爲銹痕。

余亡 24

「余亡」，屬小型布，背首穿孔上有數字「十」。

筆者有「余亡」金質三孔布小型布，背鑄十二朱。
銀質「余亡」三孔布小型布，背鑄十二朱。

布名	釋文	材質	通長	面寬	重量	背文	有關文獻及年代	地望	考釋者
余亡	余亡	金	5.3	2.8	13.38克	十二朱	《地理志》上黨郡	山西屯留北	何琳儀
		銀	5.3	2.8	7.72克	十二朱			

注釋：日本東京銀行所藏「余亡」青銅質小型三孔布，背首穿孔上數字恐係鏽蝕所致，無「十」字。

卩屬 25

「卩屬」屬小型布，背首穿孔上有數字「二二」。

筆者有此金、銀質小型布各一枚，背首穿孔上有數字二當讀「四」，背鑄十二朱。
筆者認為該青銅質三孔布文字訛變，應重釋。說明請見169-170頁。

布名	釋文	材質	通長	面寬	重量	背文	有關文獻及年代	地望	考釋者
	奇氏	金	5.4	2.8	12.83克	十二朱·四	《地理志》河東郡有猗氏縣	山西臨猗縣南	楊中美
		銀	5.4	2.8	7.17克	十二朱·四			

鴈即 26

「鴈即」（釋為雁次），有大小二型，大型布背首穿孔上鑄有數字「一」，小型布
有「二」。

筆者有「雁次」金質三孔布大型布、小型布各一枚。大型布背首穿孔上有數字
「一」，背鑄一兩；小型布背首穿孔上有數字「十七」，背鑄十二朱。
銀質「雁次」三孔布大型布、小型布各一枚。大型布背首穿孔上數字「一」，背鑄一
兩；小型布背首穿孔上數字「十七」，背鑄十二朱。

布名	釋文	材質	通長	面寬	重量	背文	有關文獻及年代	地望	考釋者
即鴈	雁次	金	6.9	3.7	28.35克	兩·一	《地理志》雁門郡雁門一帶	山西左雲西	裘錫圭
		銀	6.9	3.7	17.76克	兩·一			
		金	5.4	2.8	16.34克	十二朱·十七			
		銀	5.4	2.8	10.38克	十二朱·十七			

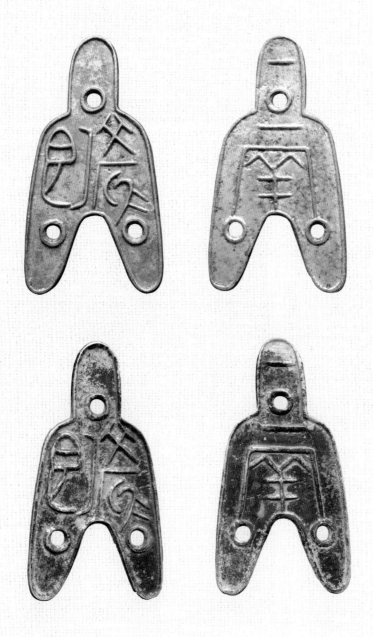

　　　　　　　　　　　　　　黃金貨幣時代的新發現──三孔布新考

閼與 ₂₇

「閼與」（現釋為閼與），屬小型布。

筆者有金質「閼與」三孔布小型布一枚，背鑄十二朱。
銀質「閼與」三孔布小型布一枚，背鑄十二朱。

布名	釋文	材質	通長	面寬	重量	背文	有關文獻及年代	地望	考釋者
（圖）	閼與	金	5.4	2.9	18.01克	十二朱	《魏世家》昔者魏伐趙斷羊腸，拔閼與	山西和順西北	裘錫圭
		銀	5.4	2.9	7.42克	十二朱			

邔陽 <small>28</small>

「邔陽」，屬大型布。

筆者有金、銀質面文邔陽大型三孔布各一枚，背首穿孔上數字為「二十」。

布名	釋文	材質	通長	面寬	重量	背文	有關文獻及年代	地望	考釋者
陽邔	邔陽	金	7.5	3.9	27.61克	兩・二十	疑讀「蘇陽」，即蘇水北岸城邑	河北完縣西南	李家浩
		銀	7.5	3.9	23.12克	兩・二十			

安陰 29

「安陰」，屬小型布，背首穿孔上有數字「三十」。

筆者有金質「安陰」三孔布小型布一枚，背首穿孔上數字「三十」，背鑄十二朱。
銀質「安陰」三孔布小型布一枚，背首穿孔上數字「三十」，背鑄十二朱。
該青銅質三孔布小型布文字訛變，當重釋，筆者現釋為氏陰。

布名	釋文	材質	通長	面寬	重量	背文	有關文獻及年代	地望	考釋者
金侅	氏陰	金	5.3	2.8	12.83克	十二朱・三十		河北元氏一帶	楊中美
		銀	5.3	2.8	8.15克	十二朱・三十			

王夸 ₃₀

「王夸」（釋為望都），屬小型布，背首穿孔上數字「二十」。

筆者有金質「王夸」三孔布小型布一枚，背首穿孔上數字「二十」，背鑄十二朱。
銀質「王夸」三孔布小型布一枚，背首穿孔上數字「二十」，背鑄十二朱。

布名	釋文	材質	通長	面寬	重量	背文	有關文獻及年代	地望	考釋者
王夸	望都	金	4.7	2.3	9.25克	十二朱‧二十	《地理志》中山國望渚	河北望都西北	何琳儀
		銀	4.6	2.3	5.74克	十二朱‧二十			

黃金貨幣時代的新發現——三孔布新考

31

「廾」（關），屬小型布。

筆者有金質「關」三孔布小型布一枚，背鑄十二朱。
銀質「關」三孔布小型布一枚，背鑄十二朱。
該金銀質「關」三孔布背文十二朱寫法與「北九門」等金銀質大型三孔布背文十二朱
寫法相似。

布名	釋文	材質	通長	面寬	重量	背文	有關文獻及年代	地望	考釋者
卜卜	關	金	5.2	3.2	13.93克	米!	《地理志》常山郡關縣	河北欒城西北	李家浩
		銀	5.2	3.2	9.10克	米!			

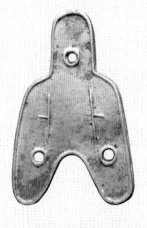 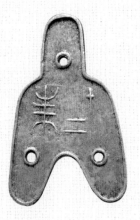

 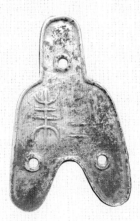

大酉 ₃₂

「大酉」（釋為扶柳），屬小型布。

筆者有金質「大酉」三孔布小型布一枚，背首穿孔上數字「二十」，背鑄十二朱。
銀質「大酉」三孔布小型布一枚，背首穿孔上數字「二十」，背鑄十二朱。

布名	釋文	材質	通長	面寬	重量	背文	有關文獻及年代	地望	考釋者
（圖）	扶柳	金	5.6	3.0	16.33克	十二朱·二十	《戰國策·趙策四》「趙攻中山，取扶柳」	河北冀縣西北	黃錫全
			5.6	3.0	10.05克	十二朱·二十			

郭 ₃₃

「郭」，屬小型布，背首穿孔上數字「二十一」。

筆者有金質「郭」三孔布大型布一枚，背首穿孔上數字「十二」，背鑄十二朱。
銀質「郭」三孔布大型布一枚，背首穿孔上數字「十二」，背鑄十二朱。

布名	釋文	材質	通長	面寬	重量	背文	有關文獻及年代	地望	考釋者
郭	郭	金	7.5	3.9	21.66克	十二朱·十二		山西渾源西麻莊	黃錫全
		銀	7.5	3.9	11.50克	十二朱·十二			

陽鄡 ₃₄

「陽鄡」（釋為陽原），屬小型布，背首穿孔上數字不清，背鑄十二朱。

筆者有金質「陽鄡」三孔布小型布一枚，背鑄十二朱。
銀質「陽鄡」三孔布小型布一枚，背鑄十二朱。

布名	釋文	材質	通長	面寬	重量	背文	有關文獻及年代	地望	考釋者
	陽原	金	5.6	2.9	17.73克	十二朱	《地理志》代郡所屬	河北陽源縣西南	黃錫全
		銀	5.6	2.9	11.62克	十二朱			

建邑 ₃₅

「建邑」屬小型布，背首穿孔上數字「十」為「七」，背鑄十二朱。

筆者有金質「建邑」三孔布大型布一枚，背首穿孔上數字為「七」，背鑄十二朱。
銀質「建邑」三孔布大型布一枚，背首穿孔上數字為「七」，背鑄十二朱。

布名	釋文	材質	通長	面寬	重量	背文	有關文獻及年代	地望	考釋者
建邑	建邑	金	7.4	3.9	25.01克	十二朱‧七		河北交河建成	黃錫全
		銀	7.4	3.9	13.26克	十二朱‧七			

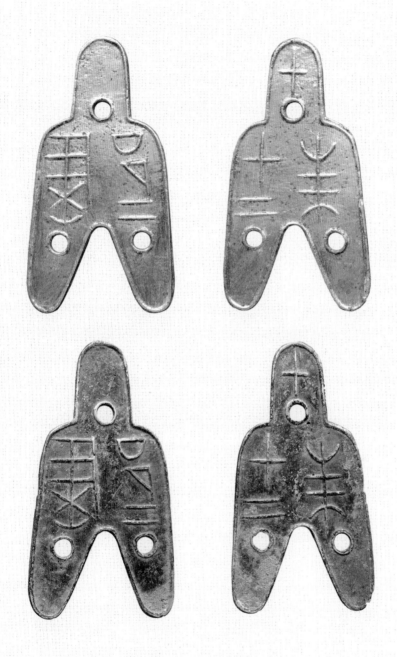

郜 ₃₆

「郜」大型三孔布，背鑄一兩。

筆者有金質「郜」三孔布大型布一枚，背首穿孔上數字「十二」，背鑄一兩。
銀質「郜」三孔布大型布一枚，背首穿孔上數字「十二」，背鑄一兩。

布名	釋文	材質	通長	面寬	重量	背文	有關文獻及年代	地望	考釋者
郜	郜	金	7.5	3.8	24.03克	兩・十二		山東范縣顧	黃錫全
		銀	7.5	3.8	10.91克	兩・十二			

罰 37

「罰」，屬大型布，背首穿孔上數字「三」，背鑄「兩」，與一般大型三孔布背鑄「一兩」不同，少了「一」字。

筆者有「罰」金銀質三孔布大型布各一枚，背首穿孔上數字「十二」，背鑄「兩」，與黃文介紹背文情況相似。

筆者還收藏省筆版金、銀質「罰」字三孔布大型布各一枚，背首穿孔上數字「十二」，背鑄一兩。

布名	釋文	材質	通長	面寬	重量	背文	有關文獻及年代	地望	考釋者
罰	罰	金	7.4	3.9	21.56克	兩·十二	《地理志》東郡所屬	山東冠縣一帶	黃錫全
		銀	7.4	3.9	12.54克	兩·十二			
罰	罰（省筆版）	金	7.5	3.9	21.56克	兩·十二			
		銀	7.5	3.8	15.25克	兩·十二			

注釋：罰省筆版背首穿孔上數字十二爲傳形。

黃金貨幣時代的新發現——三孔布新考

武陽 38

「武陽」，屬大型布，背首穿孔上數字「十五」，背鑄一兩。

黃錫全先生在《先秦貨幣通論》中說：「此品真偽有爭議。」但在2005年第一期《中國錢幣》上發表〈新見三孔布簡釋〉一文中說：「李學勤先生對『武陽』三孔布有專門論述，認為真品無疑。」

筆者不以為然，有專文駁斥，參見180-186頁。

此外，筆者還收有金質面文「武陽」三孔布大型布一枚，背首穿孔上數字「十三」，背鑄一兩。銀質面文「武陽」三孔布大型布一枚，背首穿孔上數字「十三」，背鑄一兩。

布名	釋文	材質	通長	面寬	重量	背文	有關文獻及年代	地望	考釋者
陽戉	武陽	金	7.5	3.9	29.26克	兩・十三	《趙世家》趙與燕易土……燕以葛、武陽、平舒與趙	河北易縣南	楊中美
		銀	7.5	3.9	14.56克	兩・十三			

黃金貨幣時代的新發現——三孔布新考

第二章

金銀銅三孔布的比較分析與研究

舊拓摹本一些錯誤之糾正

　　通過筆者收藏的金、銀、銅三孔布與已發現和發表的三十八種舊拓摹本的比較分析，發現至今被判斷的幣文有若干錯誤，有些還是比較大的錯誤。長期以來一直謬傳錯解，現做初步的糾正。

1.「南行唐」大小三孔布均有微錯

　　清初尚齡所錄「南行唐」小型三孔布手摹本，在行字中的「昜」字，上部應該是「日」字與下面一橫相連，而初尚齡手摹本作「口」字，與下面一橫斷開。行字的右下角「卩」應與「唐」字相連而沒連。

　　而原鮑康舊藏，在早年入藏中國銀行的一枚小型「南行唐」三孔布，「口」字卻演沴成「日」形與下面一橫相連，「卩」字與「南」字相連也沒連。而另一枚被多家收錄的「南行唐」大型三孔布拓本也有微錯。「卩」與「南」字相連不連，「南」字下部左邊符合號與右邊兩短橫不該併連而連。上部「屮」與▽右角相連而缺連。

　　「南行唐」大小型三孔布，幣文拓摹有誤，但尚算微錯。

2.「平臺」大小三孔布臺上臺下橫生枝葉

　　平臺已發現有大小兩型，分別花落中日，但在摹拓本上均發現

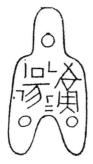

南行唐（衡陽、漁陽）　背　十二朱　手摹本
1819年首刊於初尚齡《吉金所見錄》

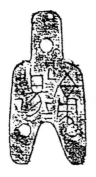

南行唐　背　十二朱　原鮑康舊藏　1918年入藏
中國銀行

郭若愚手摹本

「臺」字的上下都橫生枝葉。

「平臺」的臺下橫生一枝，多出一橫，臺上則斜出一葉。也許不影響解讀，但去掉不必要的枝葉，應還其本來面貌。

「平臺」還有另一幣文版本，可參閱筆者提供的照片（見本書81-83頁）。

平臺　背　十二朱・八　平尾贊平舊藏　刊於《昭和泉譜》

3.世無「上曲陽」而只有「曲陽」

東京日本銀行藏有「上曲陽」大型三孔布，一般錢幣學家與研究家，均根據拓本把穿孔下面幾許模糊不清的銹痕作為「上」字肯定。無獨有偶，方天仰的《三孔幣集》錄有一枚小型「下曲陽」拓本。對照筆者收集的金銀兩幣面文辨讀，可以清楚地判斷東京日本銀行所藏被認為的「上」字，只是銹痕泐印而已。而方天仰集中收藏的所謂「下曲陽」小型三孔布幣文的「下」字也是銹痕泐印，是與筆者相同的「曲陽」布也。

如若有疑，可對照筆者收藏的銀質「下曲陽」與大型青銅質三孔布幣文，一看便知「下曲陽」三字的排列形式。該枚小型三

　　　　　　　　　　　黃金貨幣時代的新發現——三孔布新考

孔布幣文的「下」字，其形也非「下」形也。背首穿孔上的數字
「十一」也有疑問，至少「十」字不對，我懷疑也是銹神之鬼斧神
工所致。

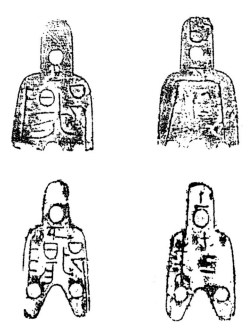

下曲陽　背　十二朱·十一　刊於方天仰《三孔幣集》

　　因鑑於此，筆者以爲三孔布只有「曲陽」而無「上曲陽」，
其理明矣。「曲陽」原是中山國之地，《史記·趙世家》趙武靈王
二十一年條下：「攻中山，趙紹爲右軍，許鈞爲左軍，公子章爲中
軍，王并將之。牛翦將車騎，趙希并將胡、代。趙與之陘，合軍曲
陽，攻取丹丘、華陽、鴟之塞」。「曲陽」即三孔布面文之「曲
陽」，即今河北省曲陽縣。

4.「上尃」、「下尃」的「尃」沒有拖尾

「上尃」三孔布已有大小型,「下尃」則只有大型,看各家拓摹本,「尃」字都帶有拖尾,對照筆者的金、銀「上尃」、「下尃」大小型三孔布,「尃」字都沒有拖尾的。這一拖尾是毫無必要的,反而把書法佈局均衡之美給破壞了。

筆者見黃錫全先生,都以為有此一筆。黃錫全先生還給它來個「槙上開花」,把尃用手摹寫成「𩱧」,我看拓本上的銹劃似乎沒有和「﹀」連上。

上尃　舊拓圖

5.「郖」字依樣畫葫蘆的版本

「郖」字小型三孔布拓本漫漶不清,為東京日本銀行所藏,對隱在銹霧中的字,各家各盡探猜之能。然而,對照一下筆者所藏之小型金質「郖」字三孔布,立馬能看出手摹猜測本之大走樣。

何琳儀先生據此釋為「權」,此字要根據真面目當另釋。

　　　　　　　　黃金貨幣時代的新發現——三孔布新考

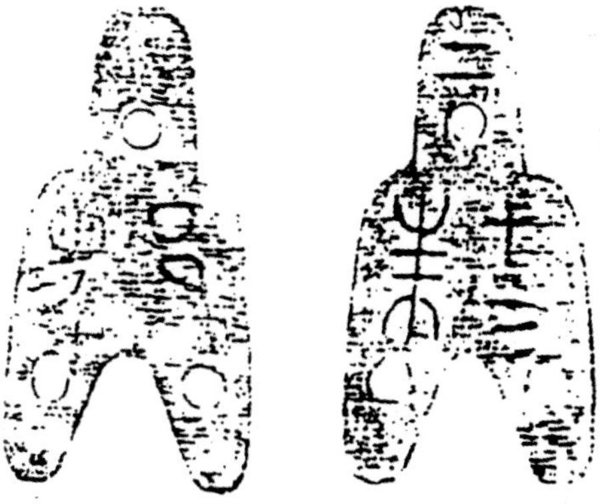

鄭　背　十二朱・二　重6.8克　東京日本銀行藏

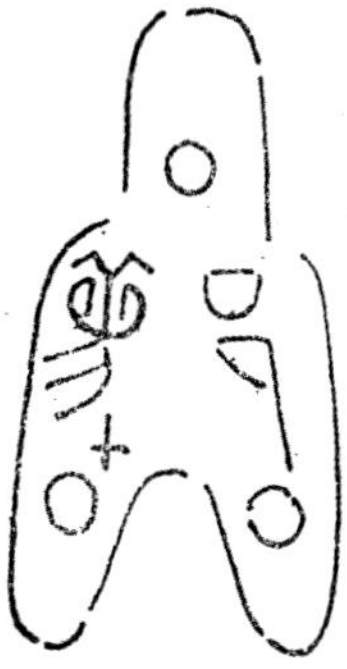

何琳儀之手摹本

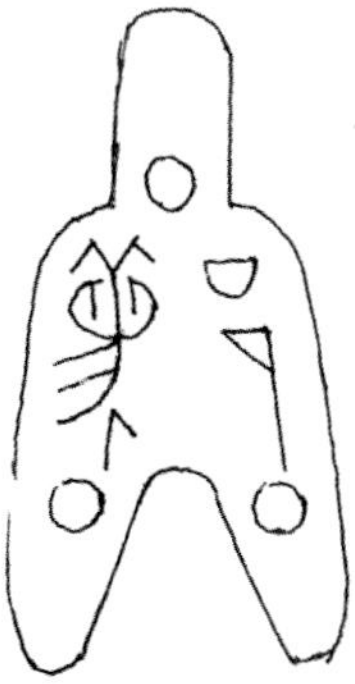

郭若愚之手摹本

6.「⺆鬶」釋「即裴」恐怕形神俱失

還是日本東京銀行所藏和提供的拓本，舊讀「⺆鬶」釋爲「即裴」的小型三孔布，與「鄭」字三孔布均屬霧裡看花的難兄難弟，形神俱失。

冂觺　背　十二朱·二二　重6.95克　東京　　　　何琳儀之手摹本
日本銀行藏

　　何琳儀先生勉爲其難，費心描摹了上述被稱爲「冂觺」，釋爲
「卽裴」的三孔布圖。

　　何琳儀先生說：「二字右狹左闊，類似不對稱佈局……。
『觺』原篆右上角『戈』頭已殘，然『戈』柲猶存。或釋『觺』甚
確。『觺』之上本從『戁』，從二『或』（國）相背，會二國相爭
之意，故《說文》以其爲『誖』之籀文。戰國文字或省一『或』，
參見《古璽匯編》『觺』0484、1111、1760等。『觺』從『咸』
由隸古定所致。『誖』據《說文》從「宋」得聲，而《說文》『宋
讀若輩』。凡此可證『觺』可讀『非』。三孔布『冂觺』讀『卽
裴』，見《地理志》魏郡。在今河北肥鄉西南，戰國屬趙。」

　　何琳儀先生所釋，雖然能圓其說，但其形不在，當是錯釋。何
琳儀先生的釋讀基本上爲各家所接受。現在當重新出發再議。

　　從筆者所藏幣文看，該幣文左右字形筆劃十分對稱，疏朗有
致，頗具匠心，筆者試釋爲「奇氏」。《漢書·地理志》河東郡有
猗氏縣，約在今山西臨猗縣涑水以南。戰國原爲魏地，在今山西猗
氏縣南。鑄三孔布時，應爲趙佔。

7. 「安陰」的兩邊都是銹痕滋生而顯

舊釋「安陰」或「安陰」的是小型三孔布，拓本取於日本《貨幣》雜誌，對照筆者所藏的兩枚金、銀質小型三孔布，右邊無「乀」劃；左邊無「乍」旁，而中有「亻」字劃。右邊一字看來無法說成「安」字，左邊一字也非「陰」字，筆者試釋爲「氏陰」，係是河北元氏一帶泜水一處城邑，戰國屬趙。

刊於日本《錢幣》雜誌 　　　　　何琳儀之手摹本
247期　東京日本銀行藏

8. 「邟與」布「與」字上部不相連

「邟與」釋讀爲「閼與」，也還是日本東京銀行所藏及提供的拓本，對照筆者所藏金、銀二品，可以看清「與」字上方斷開不連，而拓本作連，但不影響釋讀。

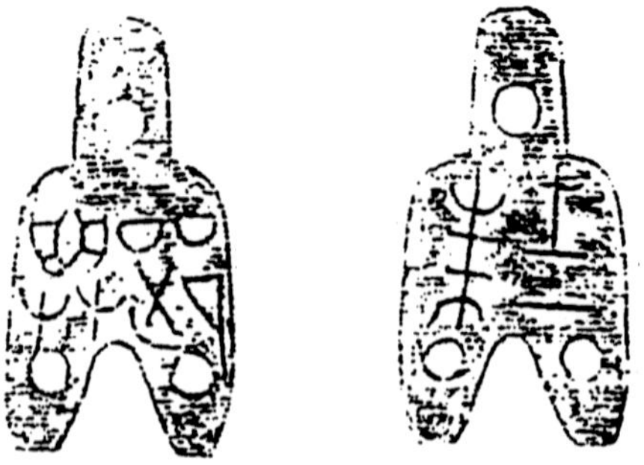

郘與（闕與） 背 十二朱 重9.25克 東京日本銀行藏

9.「戲」字頭部形狀變異

「戲」字小型三孔布，現在天津市歷史博物館。該布由何琳儀先生釋爲戲，在河南省內黃縣西北，該地原在中山與趙、魏交界處，本屬魏地，後屬趙。

據筆者藏有的金、銀質「戲」字布筆劃，青銅質「戲」字布的左方頭部已嚴重變形。部分已泐變成，雖據變形而釋，但釋爲戲字還是妥貼的。

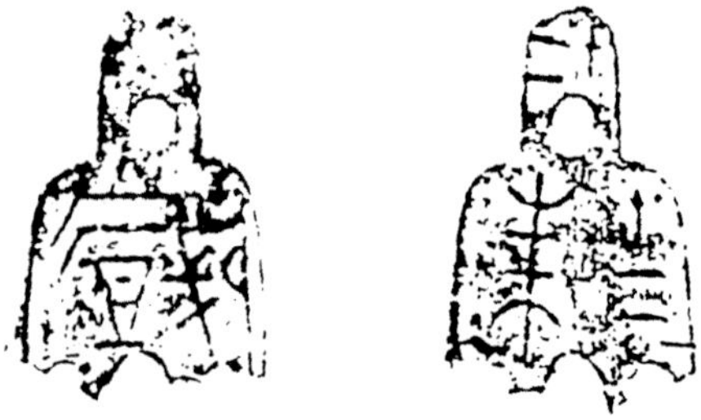

戲 背 十二朱・十二 方若舊藏

10.「新處」布文漫漶憑猜測成形

新處　背　十二朱　東京日本銀行藏

　　現藏日本東京銀行的小型三孔布，被釋爲「親處」，讀「新處」的布文，最是漫漶不清。多位先生費心猜測字形，大致定爲「𠎣𣎴」。根據筆者所藏金、銀質大型三孔布「新處」幣文看，「新」字上面三點無，「處」字則爲「𥁕」。該字是否釋爲處，筆者存疑。

11.大酉布「酉」間無紛紛雨點

　　大酉布爲小型三孔布，由黃錫全先生釋爲扶柳。黃錫全先生看到的是一枚殘布。酉字頂上一橫下面漫漶不清，點如紛紛雨下。黃錫全先生將其描摹成「𤰚」字。

　　對照筆者所收的「大酉」大型金銀質三孔布，品相精美，字劃清晰，爲「酉」字。釋酉甚是。

大酉　背　十一朱　殘

12. 「陽鄒」布的「陽」無自傍

「陽鄒」為小型布，由黃錫全先生釋為「陽鄒」，主張釋讀為「陽㯽」，即陽原。

黃文說：第一字為「陽」字，沒有疑問。然恰恰是這沒有疑問的「陽」字有點問題。該「陽鄒」青銅質小型布幣文，看似自傍「陽」字，即「瑒」形。但對照筆者所有之大型金、銀質「陽鄒」三孔布，上面一字的字形為「瑒」字，「陽」字似無此寫法。

陽鄒　背　十二朱　殘

13. 「罰」字大型布穿孔上數字為「十二」

黃錫全先生介紹的一枚「罰」字大型三孔布，與筆者所藏一枚金質三孔布的幣文相同，背首穿孔上數字，黃先生介紹是「三」，而筆者一枚背首穿孔數字為「十二」，最上一橫中有一豎，部位與黃先生提供的拓片完全一致。細審之，該豎筆處，可能青銅質「罰」字布已泐去，但筆痕仍依稀可見。況且「三」字最上一橫不應如此之長，其數字也當為「十二」。

此類泐銹痕變頗多，筆者在前述章節中也提出注釋加以辨析。

對金銀銅三孔布幾項實測數據之匯述

1. 金、銀三孔布的含量

筆者在2010年，挑選了大型金質「朱」字三孔布、「宋子」三孔布各一枚；小型金質「北九門」三孔布、「平臺」三孔布各一枚；大型銀質「上艾」三孔布、「平匋」三孔布各一枚；小型銀質「南行唐」三孔布、「武平」三孔布各一枚；共計金質三孔布四枚，銀質三孔布四枚，委託日本東京上野貴金屬中心做了測定。

經測定，三孔布的含金量在96%左右，含銀量在95%左右，均屬於高純度的金、銀幣。

2. 三孔布尺寸與重量的資料測定

繼之，筆者對收藏的金、銀、銅三孔布，按幣文逐一進行了長度、寬度、重量的測定，並按幣文、地望、相關史料及考釋做了情況一覽表。

3. 對幾項數據的匯述分析

(1)大型三孔布的幾項數據與相關問題

大型三孔布通長，即從足部至首部，自6.8厘米至7.6厘米，面

寬度爲3.5厘米至4.0厘米；最常見者爲長7.2厘米，寬3.8厘米，應該說這一尺寸是規範要求的鑄幣尺寸。

大型金質三孔布最重一枚爲幣文「戲」布，重29.38克，平均每銖含重1.224克；最輕一枚爲幣文「平匋」布，重21.73克，平均每銖含重0.905克。

大型金質三孔布共二十五枚，總重639.58克；每枚均重25.58克，平均每銖含重1.066克。

大型銀質三孔布最重一枚爲幣文「石邑」布，重20.77克，平均每銖含重0.865克；最輕一枚爲幣文「宋子」布，重11.08克，平均每銖含重0.461克。

大型銀質三孔布共二十五枚，總重358.45克，平均每枚約重14.34克，平均每銖含重0.597克。

大型銅質三孔布最重一枚爲幣文「石邑」布，重22.96克，平均每銖含重0.956克；最輕一枚爲幣文「下專」布，重16.01克，平均每銖0.667克。

大型銅質三孔布共八枚，平均每枚約重20.3克，平均每銖含重0.845克。

據筆者研析，大型金銀質三孔布，因其耐腐蝕的天然性適合作爲貨幣的優異材質，因此腐蝕氧化而減重的現象極爲輕微。每枚重量的差異，主要是澆鑄時的貨幣的厚薄度；其次是三孔布的三孔大小和首足部溢材多少及有無的問題有關。尺寸較長和首足部有溢出材質則與幣重加重有較大的關係。

然而，銅質三孔布其因腐蝕氧化而減重的現象，則是較主要的因素。當然，澆鑄的厚薄仍是主要因素之一。

(2)小型三孔布的幾項數據與相關問題

小型金銀銅三孔布的通長，一般自5厘米至5.6厘米；面寬爲2.6厘米至3厘米。這中間最多見者爲長5.4厘米，寬2.8厘米，這尺寸當是小型三孔布規範要求的尺寸了。

在小型三孔布中有幾枚逸出常規尺寸的，一爲「王夸」金、銀質小型三孔布。金質小型三孔布長爲4.7厘米，面寬爲2.25厘米；銀質「王夸」小型布長爲4.6厘米，面寬爲2.25厘米，屬特小型布。首都博物館現收藏的「王夸」青銅質地小型布，看拓圖應和筆者所藏金銀質「王夸」布一樣，均屬特小型布。測量首都博物館公示的拓圖，筆者測其長度爲5厘米，寬度爲2.4厘米，而首都博物館公布的數據是：通長6厘米，寬2.7釐米，重7克。筆者以爲首都博物館公布的尺寸數據有誤。

另有兩枚金銀質「關」字小型三孔布，通長5.2厘米，面寬3.2厘米，其長度屬一般略矮，而面寬特寬，形成較矮墩厚重感的「關」字布。考慮到該幣文只有兩豎分立左右，是不是當時該布設計者，匠心獨用，拓寬面部，形成關門洞開，關勢厚重，關道大通的藝術形象。有人認爲「關」字布「此布形制與文字風格呆滯」，而筆者卻以爲「關」字布形制與文字風格達到高度完美的統一，令人拍案叫絕。

此外，還有兩枚青銅質地「安陽」(西)小型三孔布，也屬特小型，通長4.8厘米，面寬2.6厘米。我將其暫名爲「安陽」（西），但其文字與形制，又顯然和筆者所藏金銀質「安陽」（西）小型布有異。

小型金質三孔布最重一枚爲「關與」布，重18.01克，下均每

銖合重1.5克，最輕一枚則屬特小型「王夸」布，重9.23克，平均每銖含重0.769克，幾近「關與」布的二分之一重。

小型金質三孔布共五十五枚，總重727.46克，平均每枚約重13.23克，平均每銖含重1.10克。

小型銀質三孔布最重一枚爲幣文「陽原」布，重11.62克，平均每銖含重0.96克；最輕一枚幣文「北九門」布，重5.1克，平均每銖含重0.425克。

小型銀質三孔布共五十四枚，總重412.45克，平均每枚重7.637克，平均每銖含重0.636克。

小型銅質三孔布最重一枚爲幣文「宋子」布，重10.67克，平均每銖含重0.889克；最輕一枚爲幣文「安陽」（東）布，重7.08克，平均每銖含重0.59克。

小型銅質三孔布共十七枚，總重155.54克，平均每枚重9.149克，平均每銖含重0.762克。

從金銀質三孔布枚重不一的數據而言，金銀質三孔布在交易流通中，仍需秤量計重，而青銅質三孔布則很可能是計枚論值。

第三節
質疑「武陽」三孔布的「眞品無疑」

1. 存疑之品一變爲眞品無疑

我知道有「武陽」三孔布，是在讀了黃錫全教授寫的《先秦貨幣通論》（紫禁城出版社，2001年）後。黃先生在該書中寫道：「另外，有一種『武陽』三孔布，屬大型布，背首穿孔上鑄有數字『十五』，面文『武陽』二字上下書寫，『陽』字阜旁與易旁分離較開，與『武』字成『三足鼎立』形，近期面世。通長7.2、面寬3.5厘米，重15.5克。背文『兩』。此品眞偽有爭議。爲不使材料遺漏，故錄於此，以待進一步驗證。『武陽』先屬燕，後屬趙。《史記‧趙世家》：孝成王『十九年，趙與燕易土。以龍兌、汾門、臨樂與燕。燕以葛、武陽、平舒與趙。』據此，公元前247年以後武陽屬趙。」

爾後，我仔細地看了黃錫全教授在書中提供的「武陽」三孔布拓圖，對其存疑之說，深以爲然。

近來，偶然借閱幾本《中國錢幣》雜誌，見黃錫全教授在2005年第二期上〈新見三孔布簡釋〉一文中說：「李學勤先生對『武陽』三孔布有專門論述，認爲眞品無疑。」

黃錫全教授是當今三孔布研究的權威人物，對李學勤先生的「眞品無疑」之說沒有提出贊否，但卻將其歸入已發現的三十六種

之一，顯然是認可了李學勤先生之說。筆者對此深不以爲然。

2. 李學勤的眞品無疑說

根據黃錫全教授在文末的注釋介紹，知道李學勤先生是在2003年第四期《收藏》上有專文〈談「武陽」三孔布〉。趕緊找來一讀，不僅沒有什麼可「認爲眞品無疑」的力說，反而疑點更多。本著「疑義相與析」，因此將李文概要節錄如下。

專文中說：「『武陽』三孔布長7.4厘米，寬3.6厘米，重15.5克，大小和重量均與黃錫全《通論》所載『朱』、『石邑』、『下曲陽』、『雁次』、『轅』等類似的三孔布接近。布的外邊與三孔的內緣，都有羨餘的銅渣。邊線和字的筆劃細而勁直，確係鑄成。銅質黃而有暗綠薄銹，看來出土已久。

「武陽即燕下都，《水經·易水注》：『易水又東逕武陽城南。蓋易自寬中谷歷武夫關東出，是兼武水之稱，故燕之下都擅武陽之名。……武陽蓋燕昭王之所城也，東西二十里，南北十七里。』

「但是，『武陽』三孔布肯定不是燕幣，這從字體可以判定。

「三孔布上『武』字『戈』旁橫筆右端下垂，『止』旁作叉形下加曲筆，最像『武平』、『武安』等尖足布，見朱華《三晉貨幣》第175頁：『陽』字從『阜』，右半上爲不簡化的『日』，下作刀形間以兩點，同於一部分『平陽』方足布，見《三晉貨幣》第184頁。這顯然是三晉文字，不是燕文字。

「『陽』字『阜』旁豎筆很長，三小橫在中間，同於《三孔布匯編》第30頁『下曲陽』。背面『十五，一兩』，『五』字作叉

黃金貨幣時代的新發現——三孔布新考

形，與『十』字駢列，同於《三孔布匯編》第23頁『下專』。這證明『武陽』布和後者一樣，乃是趙幣。」

　　爲了方便比較分析，將李學勤先生提到的「武陽」布與「武平」、「武安」尖足布、「下曲陽」和「下專」布的拓圖，按序排列如下：

刊於2003年第一期《收藏》

刊於丁福保編著《歷代古錢圖說》

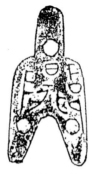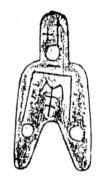

刊於王貴忱編著《三孔布匯編》

刊於方天仰《三孔布集》

3. 對眞品無疑的幾點質疑

李文說:「布的外邊與三孔的内緣,都有羨餘的銅渣。邊線和字的筆劃細而勁直,確係鑄成。銅質黃而有暗綠薄銹,看來出土已久」。

但依筆者所見,這段說詞,疑點不一。

首先,字的筆劃細而不勁直。與其他三孔布相比,該布字的筆劃過細而無力度和立體感,也無筆鋒可辨,字體做作而疲軟。「武陽」兩字猶如病人臥床。那是現代作僞者無古代匠工純熟的筆力和

　　　　　　　　　黃金貨幣時代的新發現——三孔布新考

陽剛之氣所致。

　　從用筆細部看，「武陽」和「兩」字的接筆處，小心翼翼而凸顯圓軟接合，無刀鋒稜角。而「武平」、「武安」尖刀布的字劃，「下曲陽」與「下專」的字劃，是十分剛勁有力、瀟灑自在、稜角分明的。其功力高下，一目了然。

　　其次李文說的「銅質黃而有暗綠薄銹」，更令人莞爾。銅質黃的黃銅幣至明中葉以後方流通鑄行。在青銅時代的三孔布「銅質黃而有暗綠薄銹」，豈非是現代鑄仿品「出土不久」的注腳。

　　第三，「武陽」三孔布的最大敗筆，是對三晉書法和三孔布書法的線條章法和形體結構的美學意識不了解。

　　綜觀三孔布的幣文有一字、兩字和三字的，基本上按字的筆劃和字形，以疏密得當、居中均衡、縱橫合度、結構自如、佈局完美的要求來刻寫。

　　三孔布有「安陽」、「家陽」等陽字布，從武陽的字形和筆劃看，應該是和「安陽」、「家陽」等布一樣，做自右至左的刻寫佈局，不會做豎式結構安排的，更不會搞乖張分離的三足鼎立式的佈局。看一看「武陽」三孔布的幣文，「武」字封頂而不通氣，下懸欲墜；陽字東倒西歪如枯草落葉，與諸拓片幣文相比，其差劣不可以道里計，毫無先秦貨幣文字的精、氣、神。

　　三孔布也有兩字幣文做豎式處理的，如「五陘」和新發現的「陽郪」兩枚三孔布。「五陘」兩字因「五」字筆劃過簡而「陘」字過繁，故匠心獨用，做兩字豎式居中佈局，以小「五」字配大「陘」字，得出居中均衡之美的感覺。「陽郪」的豎式安排，也是同理，因兩字筆劃過多，如左右橫列，可能形成幣文過密而無空氣流通感。至於「武陽」布實無豎式佈局的必要，更不會搞乖張分離

三點式佈局。

　　至於李學勤先生將「武陽」三孔布與其他三孔布的尺寸、重量、背首穿孔上數字等相類似而作爲對「武陽」布肯定的依據，那更不值得一提，這些公開的數據和拓片，仿鑄者自然是要參考的。

4. 作僞者的思路

　　筆者根據以上分析，可以判定「武陽」三孔布是枚僞幣。其作僞的思路，可能出於如下兩點。

　　1. 據《史記‧趙世家》：趙孝成王十九年即燕王喜八年（公元前247年），「趙與燕易土，以龍兌、汾門、臨樂與燕，燕以葛、武陽、平舒與趙。」引文中的「葛」，即三孔布中的「阿」字布。作僞者認爲既有「阿」字布，也應該可以認爲有「武陽」布。這是作僞者的史實依據想像。筆者不排斥「武陽」三孔布的可能存在，但如果有，那一定是自右至左橫列式的「武陽」布。

　　2. 作僞者想以「出奇制勝」的方式來贏得社會認可，故借用「武平」尖足布等布的「武」字形狀略加更改；再將陽字一拆爲二，搞故作驚人的三點式書法佈局來唬人。

　　以上是筆者陋見，希方家教正。

5. 追加補記

　　筆者將前述之質疑文，於2013年6月24日寄給《中國錢幣》雜誌編輯部，如石沉大海，杳無音訊。

　　肯定「武陽」三孔布爲「眞品無疑」之文，刊登於《中國錢

幣》雜誌。本著學術公平、自由爭鳴的學風,《中國錢幣》倘從促進學術研究宗旨出發,理當鼓勵刊登此類爭鳴商榷之文。

遺憾的是,結果不是這樣。李學勤先生在肯定「武陽」三孔布一文中透出他是受金泉公司招待後而寫就此文的。李學勤先生是先秦史研究的大家,我看黃錫全先生著作的《汗簡注釋》一書,有李學勤先生為之寫的序。看來黃錫全先生引用李學勤先生之文來肯定「武陽」三孔布,用心也頗為良苦。人云:「吾愛吾師,吾更愛真理」的學術境界,在學術腐敗、贋品橫行的今日之中國,確實是鳳毛之稀,高難攀矣!

毛澤東時代有兩位小人物要批判紅學大師俞平伯的觀點,初被《文藝報》編輯部置之不理。後來因為毛澤東用擅專的政治權力予以干涉,《文藝報》登了此文並藉此展開了對俞平伯、胡適的所謂資產階級唯心論的批判。毛澤東之法,固不足取,但中國的一些名人和權威之類的觀點容不得批評爭鳴,則更不足取。中國學術界存在著宗派學閥作風,瀰漫著腐敗之惡習,《中國錢幣》應該改進編輯方針,提倡學術爭鳴,發揮追求真理的正能量。

2013年9月,筆者終於覓得了兩枚金銀「武陽」三孔布,並在本書披露其真容。俗話說「真金不怕火來鍊」,孰真孰假?誰對誰錯?我和李學勤先生的爭鳴,可以由世人做公開的「審判」!

第四節
三點難解疑問之推敲

1.「北九門」大型布背鑄十二朱之疑

在筆者收集的幾枚大型金銀質三孔布中，有幣文「北九門」、「新處」、「戲」、「建邑」、「郭」共五種大型三孔布背鑄十二朱，而非「一兩」。

細審這幾種背鑄十二朱的大型三孔布，其中「戲」、「建邑」、「郭」三種，均為自左至右的十二朱，其文體與通常小型三孔布的背文十二朱也相似，從錢幣學的角度可以據此斷定為傳形。

但是「北九門」大小型三孔布的背文十二朱，寫法與其他三種背文十二朱的寫法有所區別。「北九門」背文「朱」，十字為豎｜，中有星點狀。其文體有些類似齊大刀的星點背文標誌，兩者是否有相關聯之處，筆者不敢妄加斷定。其文的書寫排列與「新處」一樣，均為自右至左，與其他小型三孔布背文十二朱順序相同。這就排除了傳形之疑，只能說是誤將「一兩」大型布刻成十二朱的錯範了。

但這種十二朱的文體在金銀質「關」字小型三孔布背文中也出現了，但僅此一種。

筆者推測是否「北九門」與「關」字三孔布等為第一批三孔布。當時對以「銖兩」來區分的二等貨幣制還未形成概念，定為幣

制。當「北九門」、「關」字布鑄成呈上審閱時，顯然引起了注意，認識到這種單一背文十二朱的寫法，勢必引起幣制混亂，使二等貨幣制推行困難。因此，迅即做出了調整，規定了「銖兩」制的二等鑄幣，並對十二朱的文體和尺寸也做出了規範。

選擇「北九門」為第一批鑄幣，有史實依據推斷。

北九門是趙武靈王滅了中山國後下令建造的。而且趙武靈王下決心進行胡服騎射改革，也是在登臨當時稱為「九門」的高台瞭望邊境情形而初下的決心。《史記‧趙世家》在趙武靈王十七年條下云：「王出九門，為野臺，以望齊、中山之境。」

此後，趙武靈王推行胡服騎射，國力大增，屬兵秣馬，終於在趙惠王三年（公元前296年）滅了中山。由此可見「北九門」是趙武靈王雄起的一個可茲紀念之地，造第一批以「北九門」命之的三孔布，也是在情理之中的。

2. 罰字三孔布孰是正版？

筆者收有兩種罰字大型三孔布，一是與黃錫全先生介紹的罰字三孔布相同，即背部「兩」上無一橫，與一般「兩」字之上均有一橫者有別。從理論上講，略去這一橫，不會影響三孔布的二等貨幣的使用流通。從刻製範的角度講，還省工。但從國家統一鑄行的原則看，這絕對是錯版幣。

另一種罰字大型三孔布，有金銀質各一枚，幣文略去框架，居中寫著䥽字，筆者稱之為罰字省筆版。背面鑄「一兩」，與一般三孔布同。

從戰國文體看，與中山圓壺罰字相似的三孔布罰字，應是正版

幣文，而省筆版的罰字似乎是當時民間流行的簡體字。

　　孰正版？孰錯版？甚至於搞一幣兩版，有無此必要。筆者傾向省字版罰字三孔布爲正版，而繁體罰字版和背文省「一」幣爲錯版幣，背文「一兩」之畢究求同的規範化是三孔布版的正體。

3. 關於「代」字和「平臺」的兩個版本之推敲

　　「代」字三孔布有大字版和小字版兩種，字形結構基本相同。「代」字上部書寫略有不同，是刻範者不是同一人所致。很可能當時鑄「代」字三孔布不是一處，而有兩處。「代」字布在三孔布中發現較多。代地是趙國新闢疆域，有兩處鑄幣點鑄幣，以提供流通需要，是一種可以想像的解釋。

　　而「平臺」的兩個版本，其書體結構、書寫風格、背首穿孔上之數字、外形尺寸大小都有不同，明顯是一種改版。推測筆者所有一枚銀質小型三孔布，背首穿孔上數字爲「八」，尺寸較一般稍大，書體書寫較輕靈的和三孔布帶有勁直方折的書體風格不一，很可能是書體和尺寸尚未規範化前的早期版。

新品種三孔布及其地名試釋

　　除上述三十八種地名三孔布外，筆者還持有三十四種尚未面世的金、銀三孔布，現順次介紹。

　　對面文地名，筆者不揣淺薄，試作考釋，以求方家指正。

　　通過考釋，在這三十四種三孔布中，居然絕大多數地名分佈在太行以西、以南的方域內；連同原先發現的三十八種主要分佈在太行山以西區域的三孔布；從而構建了一個崛起的大國的完整疆域圖。

武平

筆者有金質「武平」三孔布大型布、小型布各一枚。大型布背首穿孔上數字「十七」，背鑄一兩；小型布背首穿孔上數字「十」，背鑄「十二朱」。

銀質「武平」三孔布大型布、小型布各一枚。大型布背首穿孔上數字為「十七」，背鑄一兩；小型布背鑄「十二朱」。

《史記・趙世家》云：「惠文王廿一年，趙徙漳水武平西。」今河北省文安縣北，戰國屬趙。「武平」大小型三孔布，大型布「平」字中豎左折，小型布則右折，頗有變化之趣。

布名	釋文	材質	通長	面寬	重量	背文	有關文獻及年代	地望	考釋者
（大型） （小型）	武平	金	7.2	3.8	23.45克	兩・十七	《趙世家》惠文王廿一年，趙徙漳水武平西	河北文安縣北	
		金	5.4	2.8	13.36克	十二朱・十			
		銀	7.2	3.8	12.17克	兩・十七			
		銀	5.4	2.8	8.92克	十二朱			

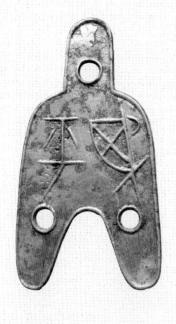

　　　　　　　　　　　　黃金貨幣時代的新發現——三孔布新考

平匋2

筆者有金質「平匋」三孔布大型布、小型布各一枚。大型布背首穿孔上數字「十五」，背鑄一兩；小型布背首穿孔上數字「十七」，背鑄十二朱。

銀質「平匋」三孔布有大型布、小型布各一枚。大型布背首穿孔上數字「六」，背鑄一兩；小型布背首穿孔上數字「十七」，背鑄十二朱。

《中國歷代貨幣大系·先秦篇》收錄「平匋」尖足布多枚。對此面文舊多釋為平周。于省吾先生在《雙劍誃殷契駢枝三編·附錄》「雙劍誃古文雜釋」中將其釋為平匋。「平匋」又稱「平陶」，《十鍾山房印舉》著錄有「平陶宗正」官印一方。《漢書·地理志》太原郡條下有平陶，在今山西省文水縣西南二十里平陶村，即三孔布面文「平匋」故城也，戰國屬趙。

「平匋」大小型三孔布之「平」字也有變化之筆意。

布名	釋文	材質	通長	面寬	重量	背文	有關文獻及年代	地望	考釋者
（大型）（小型）	平匋	金	7.2	3.8	21.73克	兩·六	《地理志》太原郡條下平陶	山西文水縣西南	
		金	5.4	2.8	13.76克	十二朱·十七			
		銀	7.2	3.8	15.06克	兩·六			
		銀	5.4	2.8	8.15克	十二朱·十七			

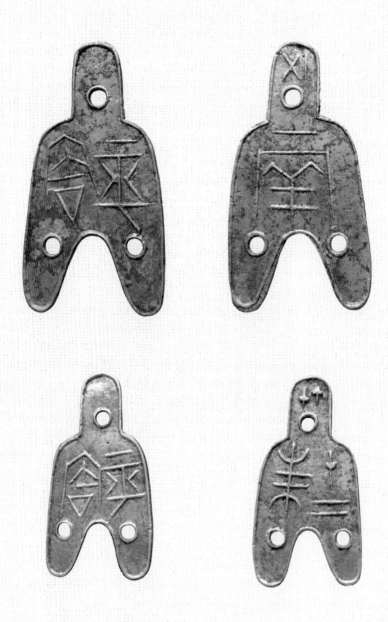

黃金貨幣時代的新發現——三孔布新考

安陽 [3]

筆者有金質「安陽」三孔布大型布、小型布各一枚，大型布背首穿孔上數字「十」，背鑄一兩；小型布背首穿孔上數字「二」，背鑄十二朱。

銀質「安陽」三孔布大型布、小型布各一枚。大型布背首穿孔上數字「十」，背鑄一兩；小型布背首穿孔上數字「二」，背鑄十二朱。

青銅質「安陽」三孔布小型布一枚，背鑄十二朱。

該「安陽」三孔布與已面世「安陽」三孔布的書法書寫結構不一，有明顯區別，顯然是兩個安陽。按趙國在戰國占有東、西兩個安陽。一般專家意見認為現已面世的「安陽」三孔布應是東安陽。東安陽據《括地志》在朔州定襄縣界，今在河北蔚縣一帶。趙之西安陽，其地在今內蒙古五原縣以東、陰山以南一帶。據《史記·趙世家》：「趙武靈王二十六年（公元前300年），復攻中山，攘地北至燕代，西至雲中、九原。」西安陽即在九原以西不遠處，此時已屬趙，並逐漸開發建設為趙之西北重鎮和軍市。

布名	釋文	材質	通長	面寬	重量	背文	有關文獻及年代	地望	考釋者
	安陽（西）	金	7.2	3.8	25.28克	兩·十	《趙世家》趙武靈王二十六年，復攻中山……西至雲中、九原	內蒙五原縣東	安陽（西）大、小型三孔布陽字書寫不同
		銀	7.2	3.8	14.46克	兩·十			
		金	5.3	2.8	13.22克	十二朱·二			
		銀	5.3	2.8	6.06克	十二朱·二			
		銅	4.8	2.8	8.67克	十二朱			銅質安陽（西）書法與金、銀質不一

黃金貨幣時代的新發現——三孔布新考

鑄 ₄

筆者有金質「鑄」三孔布大型布、小型布各一枚。大型布背首穿孔上數字「二十」，
背鑄一兩；小型布背鑄十二朱。

銀質「鑄」三孔布大型布、小型布各一枚。大型布背首穿孔上數字「二十」，背鑄一
兩；小型布背鑄十二朱。

該三孔布面文地名與下列平首方足布面文相同。丁福保在《歷代古錢圖說》中釋為
豐。曰：《詩經》「大雅作邑於豐」。黃錫全釋為「鑄」，定為韓，在河南臨汝西；
《中國歷代貨幣大系·先秦篇》定為韓，在臨汝東南；朱活先生定為魏，在臨汝東；
朱華先生定為魏，在臨汝東南。還有一些不同看法，大抵此「鑄」幣非韓即魏。
筆者傾向「鑄」地在臨汝西，戰國曾屬韓，後屬趙。

布名	釋文	材質	通長	面寬	重量	背文	有關文獻及年代	地望	考釋者
豐	鑄	金	7.2	3.8	21.75克	兩·二十		河南臨汝西	
		金	5.3	2.8	11.44克	十二朱			
		銀	7.2	3.8	11.96克	兩·二十			
		銀	5.3	2.8	7.44克	十二朱			

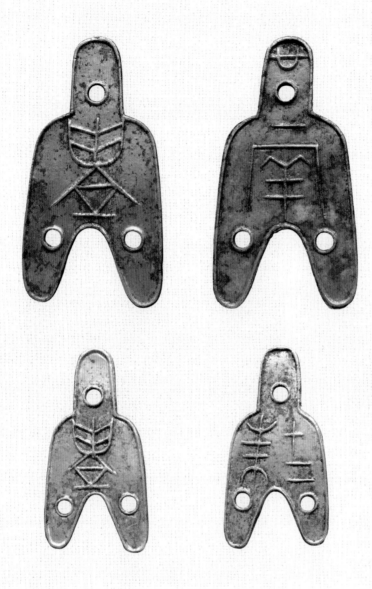

黃金貨幣時代的新發現——三孔布新考

陽邑 5

筆者有金質面文「陽邑」三孔布小型布一枚，背首穿孔上數字「二」，背鑄十二朱。

銀質「陽邑」三孔布小型布一枚，背首穿孔上數字「二」，背鑄十二朱。

《左傳》：「晉人敗狄於箕」。杜預注「太原陽邑縣南有箕城」。陽邑原為晉大夫陽處父邑，故名。現在山西省太谷縣東二十里陽邑鎮。該地先魏後趙，鑄三孔布時當屬趙。

布名	釋文	材質	通長	面寬	重量	背文	有關文獻及年代	地望	考釋者
𠃌 𠬝	陽邑	金	5.2	2.7	10.84克	十二朱‧二	《左傳》太原陽邑縣南有箕城	山西太谷縣東	
		銀	5.2	2.7	5.25克	十二朱‧二			

北屈 ₆

筆者有金質面文「北屈」三孔布小型布一枚，背首穿孔上數字「一」，背鑄十二朱。

銀質「北屈」三孔布小型布一枚，背首穿孔上數字為「一」，背鑄十二朱。
《漢書·地理志》將北屈歸於河東郡。戰國屬趙，現在山西省吉縣北部。

布名	釋文	材質	通長	面寬	重量	背文	有關文獻及年代	地望	考釋者
北屈	北屈	金	5.3	2.8	13.82克	十二朱·一	《地理志》河東郡條下北屈	山西吉縣北	
		銀	5.3	2.8	8.06克	十二朱·一			

北箕 7

筆者有金質面文「北箕」三孔布小型布，背鑄十二朱。

該幣文「丌」（箕）字以省筆法，借與北字相連而巧妙構成。《左傳》：僖公三十三年，「晉人敗狄於箕」。
北箕在今山西省太谷縣東南三十五里，戰國屬趙。

布名	釋文	材質	通長	面寬	重量	背文	有關文獻及年代	地望	考釋者
ƷƐ	北箕	金	5.0	2.7	11.10克	十二朱	《左傳》晉人敗狄於箕	山西太谷縣東南	

垣.8

筆者有金、銀質面文「垣」字三孔布小型布一枚，背首穿孔上數字「一」，背鑄十二朱。

該幣面文「垣」字與圜錢「柰垣一釿」的「垣」字一樣，釋讀為垣，當可通。
「垣」即《漢書·地理志》河東郡垣縣，在今山西省垣曲東南。該地戰國屬魏，後一度屬趙。

布名	釋文	材質	通長	面寬	重量	背文	有關文獻及年代	地望	考釋者
坆	垣	金	5.4	2.8	14.86克	十二朱·一	《地理志》河東郡垣縣	山西垣曲東南	
		銀	5.4	2.8	5.93克	十二朱·一			

昔 ₉

筆者有金質面文「昔」字三孔布小型布，背首穿孔上數字「一」，背鑄十二朱。

「昔」金文作：䒑、䒑、䒑、䒑。《說文·日部》：「昔，乾肉也。從殘肉，日以晞之。與俎同意」。戴家祥謂昔乃「夕」之別構。像日沉入水中。

筆者試將該幣文釋作「昔」，即「昔陽」。今山西省昔陽西，有昔陽古城。據劉熙《釋名》：「山東曰朝陽，山西曰夕陽，隨日所照而名之也。」

《左傳》昭公十二年：「晉荀吳偽齊師者，假道於鮮虞，遂入昔陽。」昔陽戰國屬趙，今山西昔陽縣。

布名	釋文	材質	通長	面寬	重量	背文	有關文獻及年代	地望	考釋者
昔	昔陽	金	5.4	2.8	13.95克	十二朱·一	《左傳》晉荀吳偽齊師……遂入昔陽	山西昔陽西	

大陰 10

筆者有「大陰」面文金質、銀質三孔布小型布各一枚，背鑄十二朱。

大陰今在山西省霍縣南，戰國屬趙。

布名	釋文	材質	通長	面寬	重量	背文	有關文獻及年代	地望	考釋者
大陰	大陰	金	5.0	2.7	13.14克	十二朱		山西霍縣南	
		銀	5.0	2.7	6.73克	十二朱			

黃金貨幣時代的新發現——三孔布新考

丹 11

筆者有金、銀質面文「丹」三孔布小型布各一枚，背鑄十二朱。

平肩弧足空首布等幣，面文「丹」字皆釋讀「邯鄲」，該「丹」字三孔布當釋讀為邯鄲。《左傳》定公十三年：「晉趙鞅謂邯鄲午曰：歸我衛貢五百家，吾舍諸晉陽，午許諾。」邯鄲為戰國時期趙地。據《史記‧趙世家》：公元前386年敬侯元年，「趙始都邯鄲」。邯鄲今在河北邯鄲市西南。

布名	釋文	材質	通長	面寬	重量	背文	有關文獻及年代	地望	考釋者
𠕇	邯鄲	金	5.3	2.8	16.85克	十二朱	《趙世家》敬侯元年，……趙始都邯鄲	今邯鄲市西南	
		銀	5.3	2.8	8.03克	十二朱			

大丹 12

筆者有面文「大丹」金質三孔布一枚，背鑄十二朱。

「大丹」地名在戰國錢幣面文中僅見。聳肩尖足空首布與平首尖足布均有面文「甘丹」布，指趙國在戰國中期首都邯鄲。「大丹」三孔布，筆者認為即指邯鄲，猶如魏國稱國都梁為「大梁」之意，以「大丹」冠名趙國都邯鄲，顯示當年趙國製三孔布時，有意氣奮發之雄心，欲建一大都邑。按筆者推析，趙武靈王很可能以趙王城為中心，要建造一個新大丹城，為將來一統中原之都，該幣名現世可補史料之闕。
「大丹」為「邯鄲」之別名，或欲冠新都之稱，戰國屬趙，今河北省邯鄲市西南。

布名	釋文	材質	通長	面寬	重量	背文	有關文獻及年代	地望	考釋者
日 大	大邯鄲	金	5.0	2.8	9.83克	十二朱		邯鄲市西南	

甫陽

筆者有面文「甫陽」金質三孔布小型布，背首穿孔上數字「二十」，背鑄十二朱。

筆者有銀質「甫陽」三孔布小型布，背鑄十二朱。
甫陽即蒲陽，戰國屬趙，今山西隰縣東北。

布名	釋文	材質	通長	面寬	重量	背文	有關文獻及年代	地望	考釋者
甫陽	甫陽	金	5.2	2.8	10.46克	十二朱·二十		山西隰縣東北	
		銀	5.2	2.8	5.25克	十二朱			

分布 14

筆者有銀質「分布」三孔布小型布一枚，背鑄十二朱。

傳世有「分布」布幣，布面有左右排列的倒書陽文「分布」二字，平首平肩，首中部有一孔，足尖趨於圓形弧襠。如依形狀造型而言，似是三孔布的一種祖形。（見下圖）

對「分布」的看法，學術界對其地望、名稱解釋、國別等都有不同的看法。甚至有人斷定是清朝期間鑄的偽幣。《中國錢幣大辭典·先秦編》「分布」條下說明是「戰國早中期青銅鑄幣。鑄行於魏國，流通於三晉等地。……『分』通作『汾』，古水名，源自山西寧武縣西南，流經靜樂、陽渠、文水、臨汾，至河津縣西入於黃河，其下游流經魏境。『布』為先秦貨幣名稱。」這是主張將「分布」二字拆開，「分」為地名，「布」為先秦貨幣名稱。

何琳儀先生傾向此說，主張「分布」讀為「汾布」，「戰國貨幣中僅此一見」。汾即汾城，主張為魏幣。

鄭家相先生主張「分布」是「汾地所鑄之布化也」，屬韓幣。

黃錫全先生主張「分布」讀為山西汾水流域的一個地名，即「汾陂」。認為該幣可能為楚幣，也可能是魏幣，屬魏的可能性較大。

「分布」幣確是先秦貨幣中的一朵奇葩。首先是書法，我稱其是篆體行書，清俏流暢，且倒書，別具一格。似是民間的創造。

其次是形制，似是三孔布祖形。幣形總體趨圓，且首有孔，有利於攜帶穿扎。是形制的進步。

由於三孔布形制規範，製作精良，周沿有廓，背首穿孔上多鑄有數字，並鑄「兩」或「十二朱」，這只能是在一個統一操作運轉的系統裡進行鑄造的。這就排除了多國造貨幣的可能性。

因此，我主張「分布」是當時趙國汾地所鑄之布化，三孔布則將分布納入其群體，但保留了原書體，只是將其「扶正」了。而那種「分布」是偽幣之說也就站不住腳了。

布名	釋文	材質	通長	面寬	重量	背文	有關文獻及年代	地望	考釋者
分布	分布	銀	5.0	2.7	7.00克	十二朱		山西汾水流域	

汾陽 15

筆者有金質面文「𨸏」三孔布小型布一枚，背鑄十二朱。

銀質「𨸏」三孔布小型布一枚，背鑄十二朱。

面文自右至左橫讀，筆者釋讀為「汾陽」。《國語》卷八《晉語二》：「退而私於公子縶曰：『中大夫里克與我矣，吾命之以汾陽之田百萬。丕鄭與我矣，吾命之以負蔡之田七十萬。』」

《史記‧晉世家》亦載其事，云：「及遺里克叔曰：誠得立，請遂封子於汾陽之邑。」韋昭注：「賈待中云：『汾，水名。汾陽，晉地。負蔡，晉地名。』」可以看出，汾陽可能是汾水之陽地。

汾陽，晉地，戰國中期屬趙，今山西省汾陽縣。

布名	釋文	材質	通長	面寬	重量	背文	有關文獻及年代	地望	考釋者
𨸏	汾陽	金	5.4	2.8	10.49克	十二朱	《晉世家》「及遺里克叔曰：誠得立，請遂封子于汾陽之邑」	山西汾陽縣	
		銀	5.4	2.8	6.49克	十二朱			

鄔 16

筆者有銀質面文「鄔」三孔布小型布一枚，背首穿孔上數字「一」，背鑄十二朱。

鄔是晉國祁氏之地。《左傳》昭公二十八年：「魏獻子為政，分祁氏之田以為七縣……司馬彌牟為鄔大夫。」杜注：「七縣，鄔、祁、平陵、梗陽、塗水、馬首、盂。」三晉貨幣中有幣文為「鄔」的方足布。朱華先生認為幣文「鄔」的方足布為地名，在今山西省介休縣鄔店城。

布名	釋文	材質	通長	面寬	重量	背文	有關文獻及年代	地望	考釋者
	鄔	銀	5.4	2.8	7.42克	十二朱・一	《左傳》昭公二十八年，司馬彌牟為鄔大夫。	山西介休縣鄔店城	

涅 17

筆者有金質面文「涅」三孔布小型布一枚，背首穿孔上數字「一」，背鑄十二朱。

酈道元在《水經‧濁漳水注》中引《竹書紀年》語：「梁惠成王十二年，鄭取屯留、尚子、涅。」

三晉貨幣的方足布、銳角布都有面文「涅」的貨幣。黃錫全先生認為「涅」地，先為韓地，後為趙。鑄三孔布時當屬趙。

「涅」地在今山西省武鄉縣北。

「涅」方足布

布名	釋文	材質	通長	面寬	重量	背文	有關文獻及年代	地望	考釋者
涅	涅	金	5.1	2.8	12.14克	十二朱‧一	《竹書紀年》：梁惠成王十二年，鄭取屯留、尚子、涅。	山西武鄉縣北	

陰涅 18

筆者有面文「陰涅」金、銀質三孔布小型布各一枚，背首穿孔上數字為「十七」，背鑄十二朱。

涅為涅水，今名趙河，出河南鎮平縣北，南流會洪河、嚴陵河注於湍河。古時地名山南為陽，河南則為陰。「陰涅」，當指涅水之南。

布名	釋文	材質	通長	面寬	重量	背文	有關文獻及年代	地望	考釋者
陰涅	陰涅	金	5.4	2.8	13.38克	十二朱·十七		河南鎮平縣一帶（待考）	
		銀	5.4	2.8	6.58克	十二朱·十七			

甫反 19

筆者有銀質面文「甫反」三孔布小型布一枚，背鑄十二朱。

《中國歷代貨幣大系‧先秦編》著錄了五枚有幣文「甫反一釿」的弧襠布（編號
1425～1429）。該書《釋文表》認為：「甫反，地名蒲坂，戰國魏地。今山西省永濟
縣西北。」另外，該書還收錄了一枚編號1430號的「甫反半釿」的弧襠布。
《左傳》文公十一年：「冬，十有二月，晉人、秦人戰於河曲。」杜注：「河曲在河
東蒲坂縣南。」戰國疆域變遷日新月異，鑄三孔布時其地一度屬趙。

布名	釋文	材質	通長	面寬	重量	背文	有關文獻及年代	地望	考釋者
東反	甫反	銀	5.0	2.7	5.94克	十二朱	《左傳》杜注：河曲在河東蒲坂縣南	山西永濟縣西北	

間 [20]

筆者有銀質面文「間」三孔布小型布一枚，背鑄十二朱。

《說文·門部》：「間，隙也。從門從月。閒，古文間。」月光從門縫中透入，會意成縫隙之隙。後世從日，其義不變。

山西平陸縣西五十里有間田，今名間原，簡稱「間」，戰國屬趙。

布名	釋文	材質	通長	面寬	重量	背文	有關文獻及年代	地望	考釋者
間	間	銀	5.0	2.7	6.31克	十二朱		山西平陸縣西	

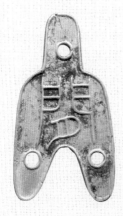

當 21

筆者有面文「菌」金、銀質三孔布小型布各一枚，背首穿孔上數字「十七」，背鑄
十二朱。

戰國有一種「大、小型釿布」（見下圖）。大型釿布，上有面文四字，有釋「杜布當
釿」，也有釋「撫比堂折」等。連布上的四字，一般釋為「貨幣當釿」等。關於面文
解釋有分歧，但均認為這是楚幣。兩幣中的一字被釋為「堂」、「當」的，即該三孔
布面文。不過黃錫全先生在釋文中說：「布文『堂假為當』。」筆者取當字說。
戰國燕趙交界處有「當城」，在戰國趙之東安陽附近，在今河北蔚縣東北。三孔布
「當」字布應指「當城」。傳世戰國古璽有「當城府」印。

布名	釋文	材質	通長	面寬	重量	背文	有關文獻及年代	地望	考釋者
菌	當	金	5.4	2.8	10.84克	十二朱·十七		河北蔚縣東北	
		銀	5.4	2.8	5.91克	十二朱·十七			

黃金貨幣時代的新發現——三孔布新考

圜陽 22

筆者有金質面文「陽罩」三孔布小型布一枚，背首穿孔上有數字「一」，背鑄十二朱。

銀質「陽罩」三孔布小型布一枚，背首穿孔上數字「一」，背鑄十二朱。

戰國有橋足布，面文四字。舊釋「晉陽二釿」、「晉陽一釿」，還有「晉半釿」的。顯然是三等級價值尺度的貨幣。（見下圖）

另有一種被稱為趙小直刀的貨幣，舊釋「晉化」、「晉半」、「晉陽化」、「晉陽新化」。面文「晉陽」文字相同。

裘錫圭先生說：「古錢家（又）都以為這個字是『晉』字，則不可信。尖足布和圓足布裡都有晉陽布，晉字寫法與此迥然不同，這個字應該釋為『言』。」「言陽」即《漢書・地理志》的圜陽，其故址在今陝西神木縣東，戰國當時應屬趙。

該「圜陽」小型三孔布，將原來橋足布、小直刀倒寫的文字做了扶正，並對「圜」字做了筆形處理。

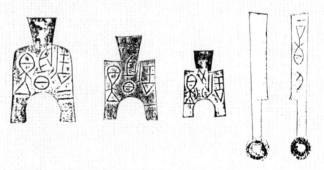

布名	釋文	材質	通長	面寬	重量	背文	有關文獻及年代	地望	考釋者
陽罩	圜陽	金	5.4	2.8	11.50克	十二朱・一	《地理志》圜陽條文	陝西神木縣東	
		銀	5.4	2.8	5.63克	十二朱・一			

黃金貨幣時代的新發現──三孔布新考

平

23

筆者有金質面文「平」字三孔布小型布一枚，背首穿孔上數字「二」，背鑄十二朱。

該「平」字居中，平字下豎形省去，使平字顯得端莊平正，十分大氣。這在先秦貨幣的幣文中是常有的筆劃增減處理。該「平」字與平首尖足布「平匋」的「平」字造型十分相似。

空首布有「平」字布。《路史》卷二十八《國名紀五》有
「平國」，其云「代之雁門」，故平縣，東漢之平城。
「平」字空首布，很可能為當時平國所鑄。
趙武靈王滅中山之戰時，代地為趙所收，該「平」字三孔
布，應是雁門之「平城」。

「平匋」平首尖足布之「平」字造型

布名	釋文	材質	通長	面寬	重量	背文	有關文獻及年代	地望	考釋者
平	平		5.4	2.8	13.49克	十二朱・二	《路史》有「平國」條文	山西代縣西北	

黃金貨幣時代的新發現——三孔布新考

介 24

筆者有金、銀質面文「介」三孔布小型布各一枚，背首穿孔上數字「一」，背鑄十二朱。

該三孔布文字在三晉貨幣中為僅見，筆者釋為「介」，乃介之倒書。《路史》卷二十九《國名紀六》古國有「介」，羅泌謂「（介）子推先國，即汾之介休」。《史記・晉世家》：介子推「入綿上山中，於是文公環綿上山中而封之，以為介推田，號曰介山」。山西介休縣以介山為名，介即介休，現山西省介休縣。

布名	釋文	材質	通長	面寬	重量	背文	有關文獻及年代	地望	考釋者
	介	金	5.3	2.8	11.37克	十二朱・一	《晉世家》：以為介推田，號曰介山。	山西介休縣	
		銀	5.3	2.8	5.69克	十二朱・一			

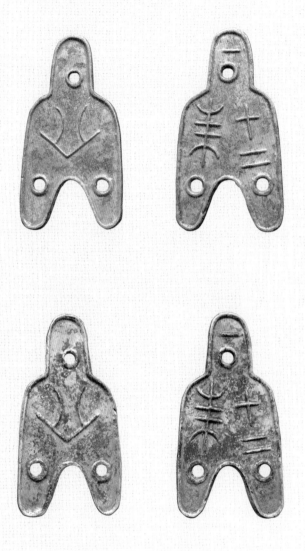

王匀 25

筆者有金、銀質面文「王匀」三孔布小型布各一枚，背首穿孔上數字「一」，背鑄十二朱。

小方足布中有面文「王匀」與「土匀」兩種。兩布實為同文同布。「王匀」的「王」是「土」字增筆，釋「土匀」。

《文物》1981年第八期，介紹山西省文物工作委員會，從廢銅中撿選出一件錍，該錍頸部刻篆書銘文一行六字：「土匀容四斗錍」。可以證明土匀在春秋戰國之際業已存在。

「土匀」亦即「土軍」，《漢書‧地理志》稱：西河郡有土軍縣，在今山西石樓縣境，為戰國趙地，現在山西呂梁地區石樓縣有土軍故城。

布名	釋文	材質	通長	面寬	重量	背文	有關文獻及年代	地望	考釋者
王匀	王匀	金	5.3	2.8	12.48克	十二朱‧一	《地理志》：西河郡有土軍縣	山西石樓縣土軍故城	
		銀	5.3	2.8	6.27克	十二朱‧一			

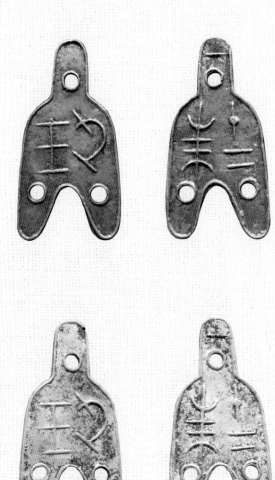

右 26

筆者有金質面文「右」字小型三孔布一枚，背首穿孔上數字為「一」，背鑄十二朱。

《說文・又部》：「右，手口相助也。從又從口。」「又」在金文即右手也。口與右手互助，故含右邊的意思。

1989年秋，在內蒙涼城縣崞縣窯鄉郭木匠溝村發現了「安陽」、「邭」布鐵範。該地有多處戰國遺址，時有戰國遺物發現。該鐵範的發現，證實了趙國確有東、西兩安陽布幣。

發現鐵範的郭木匠溝東南不遠處，即有一名「左衛窯」的遺址。

戰國有「左衛」、「右衛」兩軍事重鎮，均屬趙國。「右衛」即現在的山西省「右玉縣」西北，距殺虎口不遠。「右」字三孔布即指右衛。

明洪武二十五年（1392年）在此置定邊衛，永樂七年（1409年）移大同右衛來治，正統十四年（1449年）又徙玉林衛來同治，稱「右玉林衛」。清初改右玉衛，雍正三年（1725年）改稱右玉縣。「右玉」前身在戰國稱「右衛」。「右」字三孔布的存在，可以見證「右衛」當時是一重要城邑。

布名	釋文	材質	通長	面寬	重量	背文	有關文獻及年代	地望	考釋者
𣇃	右	金	5.5	2.8	14.86克	十二朱・一		山西右玉縣西北	

邵也 27

筆者有銀質面文「邵也」三孔布小型布一枚，背首穿孔上數字「一」，背鑄十二朱。

小型平肩弧足空首布有面文「邵也」，背有三斜線（見右圖）。一般認為該類小型平肩弧足空首布屬韓布。由此可推測「邵也」為韓趙交界區域，鑄三孔布時屬趙。

「邵也」在今河南濟源西之邵亭。

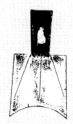

布名	釋文	材質	通長	面寬	重量	背文	有關文獻及年代	地望	考釋者
	邵也	銀	5.0	2.7	6.03克	十二朱・一		河南濟源西之邵亭	

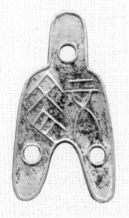

邢縣 28 （邢台）

筆者有銀質面文「茾」三孔布小型布一枚，背鑄十二朱。

該面文由兩部分構成，「𡗗」字為「行」字，了無疑義。古韻「行」、「邢」相通，行可讀邢。

《左傳》隱公四年：「衛人逆公子晉於邢，冬十二月，即位。」「邢」古為邢候國，杜注：「邢國在廣平襄國縣。」即今河北邢台市。

「△」為邑縣之意。「邢」在三家分晉後屬趙，趙置邢縣，古地在今河北邢台市。

布名	釋文	材質	通長	面寬	重量	背文	有關文獻及年代	地望	考釋者
茾	邢（縣）	銀	5.35	2.75	8.25克	十二朱	《左傳》隱公四年，「衛人逆公子晉於邢」	河北邢台市	

安臧 ₂₉

筆者有金、銀質面文「安臧」三孔布小型布各一枚，
背鑄十二朱。

小型平肩弧足空首布有面文「安臧」，背有三豎線
（見右圖）。一般認為是周王室區域之布。「安臧」
非地望名，為吉祥語。「安臧」三孔布的鑄行，表示
其時已是趙占部分原周王室之地。鑄行「安臧」三孔
布，似是尊重周王室地方勢力和習俗。

「安臧」平肩弧足空首布

布名	釋文	材質	通長	面寬	重量	背文	有關文獻及年代	地望	考釋者
（圖）	安臧	銀	5.35	2.75	8.25克	十二朱			安臧非地名，為吉祥語
		金	5.3	2.8	14.55克	十二朱			

釿 ₃₀

筆者有銀質面文「釿」字三孔布小型布一枚，背首穿孔上數字「一」，背鑄十二朱。

釿字的涵義有兩個意思，一是木工用的一種工具。《莊子・在宥篇》曰：「於是乎釿鋸制焉，繩墨殺焉，椎鑿決焉。」釿是金屬工具，以釿從金字，便轉化為貨幣單位的釿，成為重量的名稱。

戰國魏的橋足布，幾乎都用釿為貨幣重量單位名稱。如：安邑二釿、安邑一釿、安邑半釿，以重量釿構成三等貨幣單位。

而三孔布是以兩銖為二等貨幣單位的，照理在幣文上不應該出現「釿」這樣衝突性重量貨幣單位「字」的。況且三孔布幣文基本上是以地名命名的。

把「釿」作為三孔布幣文，依筆者管見，「釿」之一字在三晉及相關地區已被視為如現代「元」之類的「錢」字概念。當時三孔布的設計策劃者，顯然野心勃勃，準備以此作為國際貨幣和統轄地區的統一貨幣，在新拓展的疆域，特別是原魏韓地區，先用「釿」布充當流通貨幣，然後再視需要而鑄行新地名三孔布，故有此「釿」字三孔布。

布名	釋文	材質	通長	面寬	重量	背文	有關文獻及年代	地望	考釋者
全爪	釿	銀	5.4	2.7	9.18	十二朱・一			釿原為重量名，演變為「錢」之稱

桼金 31

筆者有金質面文「桼金」三孔布小型布一枚，背首穿孔上數字「一」，背鑄十二朱。

銀質「桼金」三孔布小型布一枚，背鑄十二朱。

戰國有圜錢，舊釋「長垣一釿」（見下圖）。裘錫圭先生後釋為「桼垣一釿」，曰：
「桼垣當即見於《漢書・地理志》的上郡屬縣漆垣。漢代的上郡之地在戰國時代本來
分屬魏、趙，後來逐漸為秦所占。」

鑄三孔布時，桼垣當屬趙。「桼金」為「桼垣一釿」新稱。三孔布面文「桼金」之
金，有一部分學者釋為「百」，如何琳儀先生釋銳角布「涅金」為「百涅」，認為
「全」與中山方壺「方數百里」之「百」，形體吻合無
間。

但是中山方壺的銘文「百」作「囷」，與銳角布「全」
完全不吻合。此枚三孔布「桼金」之「金」也是「全」
形，筆者從金屬貨幣流通角度看，當稱為有交換價值之
金，而非重量名稱之釿。金即從釿演變而來，是三孔布
面文中的創製，用地名加貨幣價值名稱的「金」構成幣
面新組合幣名。

「桼」在今河南長垣縣西北方向。

桼垣一釿圜錢

布名	釋文	材質	通長	面寬	重量	背文	有關文獻及年代	地望	考釋者
全米	桼金	金	5.3	2.7	14.77克	十二朱・一	《地理志》上郡屬縣漆垣	河南長垣縣西北	
		銀	5.2	2.8	5.89克	十二朱			

晉金 32

筆者有金、銀質面文「晉金」三孔布小型布各一枚,背鑄十二朱。

該三孔布右邊一字讀晉,已有定論。尖足布、類圓足布之晉陽,橋足布之陰晉之晉皆此字形。左邊讀金,筆者在「涞金」三孔布中已有解釋。「晉金」之晉,應指晉陽,意為晉陽之金,如同「涞金」是創製,為地名加貨幣價值名稱的金來構成新幣名。晉陽,原是趙鞅封邑,《左傳》杜注:「晉陽,趙鞅邑。」是趙國先祖發跡之地,後趙鞅走晉陽反。此址在今山西太原市西南。

布名	釋文	材質	通長	面寬	重量	背文	有關文獻及年代	地望	考釋者
晉金	晉金	金	5.2	2.8	11.88克	十二朱	《左傳》杜注 晉陽·趙鞅邑	山西太原西南	
		銀	5.2	2.8	5.89克	十二朱			

黃金貨幣時代的新發現——三孔布新考

中金 ₃₃

筆者有金、銀質面文「中金」三孔布小型布各一枚，背鑄十二朱。

該「中金」布其涵義應與「晉金」同。中指趙「中牟」。《史記・趙世家》：「襄子
立三十三年卒，浣立。是為獻侯。獻侯少即位，治中牟。」
趙襄子卒於公元前423年，趙獻侯便在稍後遷都中牟。據《正義》：其地在河南「湯
陰縣西五十八里，有牟山，蓋中牟邑在此山側也」。
「晉金」、「中金」即趙兩處都城名冠之幣文也。中牟其地今在河南鶴壁縣西。

布名	釋文	材質	通長	面寬	重量	背文	有關文獻及年代	地望	考釋者
	中金	金	5.5	2.8	13.60克	十二朱	《趙世家》獻侯少即位，治中牟。	河南鶴壁縣西	
		銀	5.5	2.8	5.72克	十二朱			

黃金貨幣時代的新發現──三孔布新考

亚 34

筆者有金、銀質面文「亚」字三孔布小型布各一枚，背首穿孔上數字「十七」，背鑄十二朱。

其字筆者不得其解，暫存疑。

布名	釋文	材質	通長	面寬	重量	背文	有關文獻及年代	地望	考釋者
亚	待考	金	5.5	2.8	14.66克	十二朱·十七			
		銀	5.5	2.8	6.96克	十二朱·十七			

黃金貨幣時代的新發現——三孔布新考

第三章

三孔布研究百家爭鳴

彭信威、朱活等力主秦國貨幣

1.彭信威主張是戰國早期秦幣

　　最早對三孔布的國別等進行科學意義上分析和論證的是彭信威教授。

　　彭信威教授（1907～1967年），江西安福人，先後赴日、英攻讀經濟學，是中國近代將現代經濟理論來研究中國貨幣史與錢幣學的先行者，著有《中國貨幣史》等著作，並在《中國貨幣史》中提出了貨幣購買力的學說，強調錢幣對於人民生活和政治的影響。

　　彭信威教授在《中國貨幣史》中提出三孔布，「它是最早的朱（後作銖）兩貨幣，而朱兩是秦國所用的貨幣單位，所以它可能是秦國的貨幣」[①]。

　　從相關文脈看，彭教授推析三孔布當是秦國在戰國時期最早鑄行幣。史載秦惠文王二年（公元前336年）「初行錢」，其鑄行年代應起於公元前336年及以後的一段時間，當為戰國早期。

　　不過彭信威教授的判斷是曖昧的，分析是猶豫的。

　　正如彭信威教授在著作中所說：「主張三孔布說的人，還須解決一些困難的問題。第一，布上的文字不易識……。第二，就所能解釋的文字看來，上面的地名，也不容易找出它們的地望。……，第三，三孔布數量極少，似乎不可能是長期鑄造行用過的，……解放前出土的總共不過二、三十枚。第四，如果三孔布是秦制，那

麼，重一兩十四銖、重一兩十二銖和半圜自然也是秦制，秦國在什麼時候又實行了這一樣一次重要的幣制改革呢？」②

彭信威所說的困難，說明他對於把三孔布定爲戰國早期秦國貨幣是猶豫不決的。

2. 王毓銓等認爲是戰國晚期的秦幣

王毓銓先生在其《中國古代貨幣的起源和發展》一書中認爲，三孔布「自成一系統，那必定是一特定地區的貨幣。這個地區就是戰國末期的秦」，「主要的是因爲它的貨幣單位是『兩』，這個貨幣制度上的基本特點，和以『釿』爲單位其他各地的布錢是完全不同的」③。

鄭家相先生則在《中國古代貨幣發展史》中說：「揆其鑄者，似屬於秦，蓋戰國末期，秦之國勢日強，各國之地，時爲所撥，嘗於其所得之地，做此圓肩圓足三孔之布。」主要證據是「朱兩紀文，多見秦幣，當時各國，未有是制」④。

而主張是秦佔趙國後的鑄行幣的朱活先生則斷言：三孔布「顯然是戰國晚期秦佔領三晉的城邑（主要是趙國的城邑）後鑄行的布錢。秦大舉攻趙是從胡陽攻趙的『閼與』開始，時爲公元前270年，到公元前228年趙王遷在東陽被俘，趙公子嘉自立爲代王。公元前222年公子嘉也被俘，趙地入秦。三孔布的鑄行極可能就在這一段歲月之內」⑤。

然而，朱活先生推定三孔布是秦佔趙地後的鑄行幣理由，卻不著重拘泥於「銖兩」制，而是一種「統戰」式的「和平過渡」論。朱活先生認爲，「由於三晉是長期鑄行布錢的，其習俗勢力是不可

低估的，如果不暫時保持其原來的布錢形狀，說不定在交換市場上還不受歡迎，因而想出了這種折衷的辦法。所以有理由把II式（即三孔布）布看作是秦佔領趙邑後，暫時出現的圓錢與布錢的混合型鑄幣」[6]。

汪慶正力主三孔布爲中山國貨幣

1992年，江慶正先生在〈三孔布爲戰國中山國貨幣考〉一文中提出三孔布是中山國貨幣的新說。

汪慶正依據中山國發展的歷史，錢幣學演進的規律及地名等角度，考察認爲三孔布是中山國貨幣，其主要論述有三點。一是從錢幣學角度看，三孔布有大、小二型，小型者都在8～10克，而戰國晚期大部分方足，尖足布已沒有大型，只有重5～6克的小型布，故三孔布決非戰國晚期的貨幣，很可能是公元前四世紀的實物。二是三孔布上的地名，主要集中在公元前四世紀中葉中山國疆域內。三是三孔布鑄行量少的原因，推測是按照趙國「藺」、「離石」圓足布所仿制，並按其當時曾佔有的重要城市名稱，編排範別命名，故與魏釿布、趙的圓肩圓足布的鑄作同時期[7]。

而在此前，張頷先生率先提出過：「值得考慮三孔布或有可能爲戰國時期中山國所鑄造之貨幣。」[8]

汪慶正先生論出後，得到楊科、周祥等人呼應。周祥認爲：圓足布的形制是受了三孔布的影響。[9]楊科則在〈也說三孔布的國別和時代〉一文中說：三孔布「很可能是公元前323年中山稱王之後開始鑄造的貨幣」[10]。

第三節

裘錫圭、劉森等「最晚趙幣」說

1. 裘、李等大家的力說

　　李學勤先生根據三晉地區戰國也使用銖、兩計重的事實，在〈戰國題銘概述〉一文中，認為三孔布是戰國「最晚的趙幣」[11]。

　　但除此之外，李學勤先生並沒有做進一步的說明。2013年，李學勤先生在《收藏》上發表〈談『武陽』三孔布〉一文中，稱「武陽」布的文字三晉文字，和「下曲陽」、「下專」等一樣，「乃是趙幣」，並說「趙有武陽，充其量不到二十年，『武陽』三孔布便鑄於其間。由此足見，這一類布確實是最晚的趙幣」[12]。

　　對三孔布是最晚趙幣一說展開詳細論證的是裘錫圭先生，他在〈戰國貨幣考〉一文中歸納了四條理由。一是「在戰國時代，採用銖兩制的並不是秦一國」，如燕國的金器「背面的刻文全都以銖兩紀重」。二是面文「藺」和「離石」圓肩圓足布屬趙，「三孔布的形制跟這種布幣極為近似，當然也很可能是趙幣」。三是三孔布的地名，絕大部分可以確定為趙幣，形制和文字完全是三晉的作風，秦政權決不會允許採用被征服國的幣制和文字來鑄錢。四是三孔布上的地名，「幾乎都在趙國的東半部」，而「西半部的地名」，「在三孔布上都看不到。看來這種布幣很可能是在趙的太原地區被秦攻取後才鑄行的」。因此，「三孔布鑄造年代的上限大概不會早於秦莊襄王時代（公元前249至247年）」[13]。

裘文出，呼應贊同者多。其中有對三孔布地名做出許多解釋的何琳儀先生。何琳儀先生從已考釋的三十個地名而析：「戰國中期的中山國疆土不能包容，戰國中期的趙國疆土也不能包容，只有趙國滅亡前二十七年間的疆土才不出其範圍。這是三孔布年代偏晚，數量較少的原因所在。」⑭ 至今爲止，三孔布是「最晚趙幣」說，仍是一主流意見。

2. 劉森談三孔布是戰國晚期的趙幣

　　劉森先生在1990年第三期《中國錢幣》上發表了〈關於三孔布的幾個問題〉一文。在該文中，劉森先生主張「三孔布產生的上限不會早於趙滅中山國的公元前296年，其流通行用的下限當止於秦始皇用『半兩』錢統一中國貨幣之際，即三孔布共流通使用了七十多年」⑮。

　　一般中國錢幣學界將劉森先生的論點也劃歸爲「最晚趙幣」一派，說裘錫圭文後，「張弛、劉森、何琳儀等先生對此說又做了進一步論證，觀點大同小異」⑯。

　　筆者不同意這一說法，因爲僅就年代而言，就差了五十餘年，況且論點也不是小異。

　　劉森從已考釋的地名分析，「中山國僅是一小國」，「中山國不可能奪取大面積的趙國疆域之事說明，根據三孔布面文所示地名而得出的其爲中山國貨幣的論斷，是難以令人首肯的。在迄今發現的有二十八種面文的三孔布中，其已考出的十八種（另有『朵』、『安陽』三孔布確切地望尚待進一步考證）地名既有在中山國疆域，又有在趙國疆域內的事實表明，三孔布是公元前296年趙滅中

山國之後才出現的一種貨幣。因此，根據三孔布地名這一點而說它鑄行於趙地的貨幣，恐怕不會有大錯」[17]。

其次，根據對中山國都城靈壽遺址的發掘，發現中山國曾仿製趙國的圓首圓足「藺」字布的錢範和錢幣，這說明中山國曾流通使用過圓足布，而沒有發現以「朱」、「兩」紀重的三孔布。

對此，劉森認為：「從三孔布的幣形與趙國的圓足布『藺』、『離石』幣的幣形相似這一點來看，三孔布應出現於圓足『藺』、『離石』布之後。因為三孔布幣文正面紀地，背面鑄上數字以編排範次（或作他用）的幣制與『藺』、『離石』圓足布的幣制相仿，所不同的是它有三個孔，背面增鑄了紀重的文字『朱』、『兩』。根據我國金屬貨幣發展演變的過程來看，紀重的錢幣晚於紀地的錢幣。金屬貨幣本身由重大逐漸變得輕小，在流通過程中，不同形狀和不同國別的貨幣重量亦日趨接近。至戰國中期以後，三晉地區出現了大、小二等制的幣制。如大、小尖足布、大、小方足布及魏國的釿布與半釿布等。三孔布背面『兩』、『十二朱』之紀重幣文的出現，並非鑄造者心血來潮隨意之作，而是受當時盛行的大、小二等幣制的影響所為」。

「所以，我們有理由把明確用幣文表示二等幣制的三孔布出現的時間置於圓足布產生時間之後。也就是說，三孔布是一種戰國晚期的貨幣。如果我們關於三孔布是摹仿或有所承襲圓足布的幣制（幣形）演變而來的推測是正確的話，那麼，三孔布產生的上限應不會早於趙滅中山國的公元前296年。」[18]

由此可見，劉森的三孔布是戰國晚期的趙幣說，在時間的上限和形制晚於圓足布等方面，與李學勤、裘錫圭、何琳儀三位學者的看法是有相當差異的。

郭若愚斷爲戰國早期趙幣

郭若愚先生在〈三孔布幣面文字再考釋及其鑄造年代之探究〉一文中，從文字再考釋及鑄造年代的兩個角度去探析，認爲三孔布是戰國早期趙幣。

首先，郭若愚先生對一些地名做了新考釋，一些幣名的地望做了新銓說，「這樣的情況有十六條」，七個地名從原釋，再略掉一些文字不清者，標出二十四個地名，標出地圖，並做出三孔布是趙獻侯在位時對貨幣進行改革而鑄行的論斷 [19]。

綜觀全文，郭若愚先生主要是把「朶」字幣文釋爲「车」字，再推釋「车」爲「中车」，並以「中车」之釋爲中心，構成新說。

郭若愚先生將空首布的「𣒅」字的下半部釋爲「牛」，而非「木」；繼之，將「朶」字釋爲「车」；接著，把「车」定爲「中车」；再接著引《史記・趙世家》：公元前423年「襄子立三十三年卒，浣立，是爲獻侯，獻侯少即位，治中车」。獻侯在位十五年，獻侯子烈侯在位二十二年，其間趙國構成以中车爲政治中心的行政治理。直到公元前386年敬侯元年，趙始都邯鄲，然後再形成以邯鄲爲中心的行政治理。

根據郭若愚先生繪製的「三孔布地名分布圖」，郭若愚先生得出「三孔布幣文沒有發現晉陽，也沒有發現邯鄲，卻發現中车。而且『分布圖』上的形勢似乎以中车爲核心。中车是趙國的都城之一，和晉陽、邯鄲同樣是趙國的政治核心之一。於此可知這些三

孔布是趙國獻侯都中牟時的鑄品。因前此時期鑄造貨幣不能沒有晉陽，後此時期鑄造貨幣不能沒有邯鄲也」。「因此，三孔布應是趙國鑄幣，其鑄造時間是公元前422年至公元前386年之間，在戰國早期」[20]。

郭若愚先生又從三孔布的鑄造角度來說明三孔布是繼平首聳肩尖足布而來的。因為都是大小兩級貨幣，將「三孔布從聳肩布改為圓扁，從尖足改為圓足」，這是趙獻侯的貨幣改革，是「適應當時貨幣流通需要，也是我國貨幣向『圓形』變化的濫觴，是值得重視的」[21]。

而在此後，趙國「又鑄造了一些圓首圓足布」，去掉了三個孔和背文「一兩」、「十二朱」的字，從鑄造角度看，「趨向省略是勢在必行」的[22]。郭若愚將圓首圓足布定為趙烈侯（公元前408年～387年）時期。

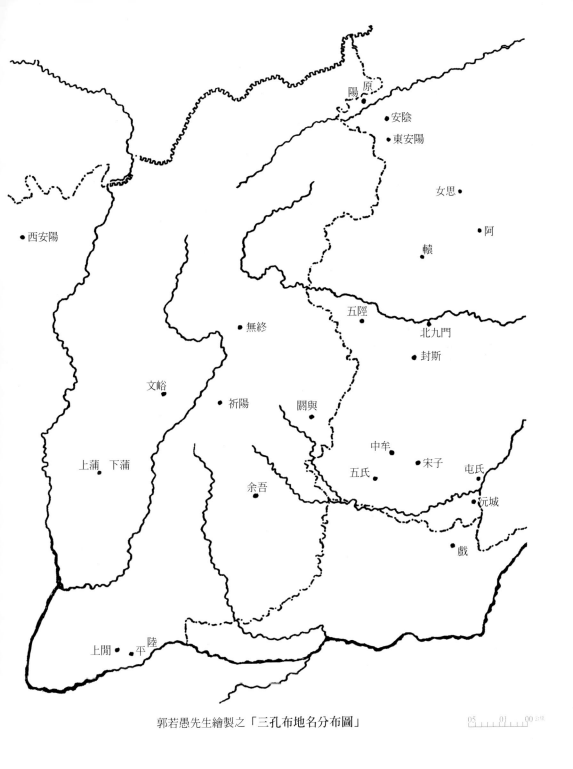

陽原

安陰

東安陽

女思

阿

轅

西安陽

五陘

北九門

無終

封斯

文峪

祈陽

關與

中牟

宋子

屯氏

五氏

沅城

上蒲 下蒲

余吾

戲

上閉 平陸

郭若愚先生繪製之「三孔布地名分布圖」

黃錫全推出魏鑄三孔布新說

1992年8月，在河南新鄭「鄭韓故城」遺址出土有仿製趙國「藺」、「離石」大圓足布範具和「藺」幣的考古材料，聯繫鄭國在公元前375年被滅於韓的史實，黃錫全先生判斷「圓足布當鑄行於公元前375年前後以前」[23]。

而和圓足布在形制、重量相似的三孔布，黃錫全先生認為「可以將其大致年代推斷為戰國早期晚段」。

黃錫全先生繼之根據三孔布上地名多為原中山國地名而又有趙國、魏國地名；又聯繫公元前406年魏國借道趙國滅中山國的史實，提出「為紀念滅亡或佔領中山國這一重大歷史事件，魏以中山國地名（包括突破中山範圍的城邑）及趙魏的相關城邑之名，仿照趙國圓足布的形式，背面採取有別於魏釿布的銖、兩制，精心製作了精美的三孔布（『三孔』是否含有涉及這次重大事件的『三國』之意，亦未可知），作為統治或控制中山國地區流通的貨幣」[24]。

綜上所述，可以看到在三孔布的國別與年代劃分方面的爭論還是較大的。以時間跨度而言，上溯公元前422年至公元前222年止，長達兩百年；而論空間範圍之廣，則橫越秦、魏、趙、中山，還牽涉到燕，佔戰國五國。

一種貨幣，說法如此紛繁迷離，時空跨度如此之大，可以用「絕無僅有」而冠之。

①彭信威《中國貨幣史》頁37，上海人民出版社，1988年。

②彭信威《中國貨幣史》頁55，上海人民出版社，2007年。

③王毓銓《中國古代貨幣的起源和發展》頁59，中國社會科學出版社，1990年。

④鄭家相《中國古代貨幣發展史》頁138～139，三聯書店，1958年。

⑤⑥朱活《古錢新探》頁82、76，齊魯書社，1984年。

⑦汪慶正〈三孔布爲戰國中山國貨幣考〉，《中國錢幣論文集》第二輯，中國金融
　出版社，1992年

⑧參考張守中《中山王䜑器文字編・序》，中華書局，1981年。

⑨周祥〈圓足布研究〉，《上海博物館集刊》第六期，1992年10月。

⑩楊科〈也說三孔布的國別和時代〉，《中國錢幣》1988年第一期。

⑪李學勤〈戰國題銘概述〉，《文物》1959年第八期。

⑫李學勤〈談『武陽』三孔布〉，《收藏》2003年4期。

⑬裘錫圭〈戰國貨幣考〉，《北京大學學報》1978年第二期。

⑭何琳儀〈三孔布幣考〉，《中國錢幣》1993年第四期。

⑮⑰⑱劉森〈關於三孔布的幾個問題〉，《中國錢幣》1990年第三期。

⑯㉓㉔黃錫全《先秦貨幣研究》頁180～189，中華書局，2001年。

⑲⑳㉑㉒郭若愚《先秦鑄幣文字考釋和辨僞》頁25～32，上海書店出版，2001年。

第四章

看圖識布論趙武靈王鑄行三孔布

（公元前299年～296年）

考訂國別和年代的幾個基本原則

關於三孔布國別和年代等問題的考訂，我認為有以下幾個基本原則：

①三孔布周沿有廓，製作精良，文字規整，布面以鑄地名為主，背首穿孔上多鑄有數字，背面鑄兩或十二朱（即半兩），分大小兩種，是二級貨幣制。由於其形制和字體的高度一致，顯然是一個國家的中央政權用國家力量來統一鑄行的。因此，它的國別只能是一個國家。

②中央政權發行的貨幣，它是穿著國家制服的。三孔布布面鑄有的地名，標示著一個國家當時實際統治疆域的歷史紀錄和時代見證。

③傅斯年先生強調要以「上窮碧落下黃泉」的精神去找材料，覓證據來說話。而解決三孔布身世千古之謎，還需藉助三孔布的現身說法，用三孔布實物結合相關史料和考古發掘材料去做綜合的科學論證。

④對金、銀、銅三孔布的研究，要將其置入當時戰國整個貨幣流通領域中去考察。既要用大歷史觀做宏觀把握，又要對其特殊的個性做充分的梳理發現。

為了便於展開說明，筆者繪製了一幅「三孔布地名分布圖」，在業已發現的七十二種以地名為主的三孔布中，排除非地名布與待

考等因素外，約有六十八種地名的三孔布已繪製於圖中。

這幅圖是在參閱了許多著名學者研究成果的基礎上而繪製成的。如裘錫圭和黃錫全等先生在地名的考釋中，考釋精嚴，論說有據，成績卓然，令人感佩。但是作者不是專業繪圖者，雖然努力摹寫，也只能是充數之作。

由於筆者對小學涉及有限，在試釋新品種三孔布地名中恐多有失誤，貽笑大方，盼方家教正。

以上為本章論述展開的引言。

第一節
烽火歲月登位搞胡服騎射

娶了兩個女子，打了幾次敗仗

　　趙武靈王趙雍的父親趙肅侯晚年，趙國國勢日弱，四面受敵攻伐。

　　趙肅侯二十二年，即公元前328年，趙國大將趙疵率軍與秦一戰敗北，秦殺趙疵於河西，取趙之藺（今山西離石縣西）和離石（今離石縣）兩地。次年，趙將韓舉與齊、魏作戰，死於桑丘（今河南南樂縣北）。再次年趙肅侯去世，秦、楚、燕、齊、魏各派精銳部隊一萬來參加趙肅侯的葬禮。武靈王趙雍即位，因其年少，由三位老師對他輔導，三個左右司過輔佐他，但很快他就開始獨立執政，且任陽文君趙豹爲相國，並經常請教父親的重臣肥義且提高他的俸祿，對國內的「三老」凡年滿八十歲的，按月送去禮物和食品。

　　武靈王五年，他已是一個雄赳赳、氣昂昂的男子漢了。觀其外表，身長八尺八寸，龍顏、鳥嘴、廣鬢、虯髯、黑面、闊胸，活脫一個流淌著北方戎狄少數民族血液的長相。那年，他娶了韓女爲夫人，是一種政略性婚姻，趙國與韓國算結了個親家。

　　武靈王八年，即公元前318年，魏國發起倡議，聯合韓、趙、燕、中山，搞「五國相王」。趙武靈王十分清醒，說：「無其實，敢處其名乎！」令國人謂己曰「君」。

　　其時，趙國的安全形勢日益嚴峻，確實不到稱王稱霸的時候。

武靈王九年，趙和韓、魏聯合伐秦，聯軍慘敗，秦斬聯軍兵士首級八萬。同年齊軍敗趙於觀澤（今河南清豐東南）。十年，秦戰取趙國中都和西陽（皆在今山西平遙附近）。十三年，秦再攻取趙國藺地，虜將軍趙莊。

　　武靈王十六年，遊大陵之夜，「王夢見處女鼓琴而歌詩曰：『美人熒熒兮，顏若苕之榮，曾無我嬴！』」趙武靈王很有文學才情，而且把夢幻當眞，第二天說給大臣聽。大臣吳廣一聽，機不可失，立刻附會，舉薦了自己的女兒「娃嬴」，說是有這樣一位美女，她名叫「孟姚」，善於琴。

　　趙武靈王大悅，立命召見，一看果然是夢中人，再聽琴聲，更使其心醉，便立刻將孟姚納入宮中，親自命名爲吳娃。史記說：「孟姚甚有寵於王，是爲惠后。」武靈王與吳娃生有一子，名何。到了韓后去世，武靈王當即立吳娃爲后，廢太子章，立何爲太子。

胡服騎射，搞軍事革命

　　趙國這個地方，其北是燕國、東胡（居匈奴東因而命東胡）；西有林胡（也稱林人、澹林、澹襤，分布在今黃河以西、內蒙古自治區伊金霍洛旗一帶）、樓煩（大體分布在今山西岢嵐縣以北、內蒙古大青山以南），與秦一河之隔；又與齊國、中山爲鄰，特別是臥榻之旁的中山，背靠強齊，還不時對趙搞些突然襲擊，成爲心腹之患。

　　趙處列強包圍之中，國勢日弱，趙武靈王對此是有清醒認識的，在位的前十六年，似乎在摸索一條圖強之道。

　　也許是吳娃這個絕色美女給了他生命的許多新元素和創造的激

情。和吳娃結婚一年，趙武靈王萌發了搞胡服騎射，推動軍事革命的天才思想。

武靈王十七年，王出九門（即三孔布的北九門，為野台，即瞭望台），以望齊、中山之境。實際上這次軍情視察，使趙武靈王對趙國的戰略定位有了新的認識，也萌發了搞胡服騎射的靈感。趙武靈王要徹底改變傳統士兵的服裝和打仗的方法，即脫掉漢人又長又大的袍子，改穿胡人的服裝；棄用過去又笨又重的戰車，學習胡人的騎馬，練習胡人的射箭。

原中國人民解放軍三十八軍軍長（中共王牌軍），著名的軍事戰略家李際均將軍曾有一段論述，指出：「先秦時期的作戰方式隨時代進步而處於不斷變化之中。在夏、商時代，以步戰為主，車戰為輔。到了西周，車戰替代步戰成為作戰的主要樣式。自春秋中期起，隨著軍隊成員的改變，弩機等新式武器的使用，戰爭區域由中原腹地向周邊的擴展以及對戎狄步兵作戰的需要，步兵重新崛起，步戰再次漸漸佔據主導地位。同時，水軍和水戰在南方地區開始出現。至於騎戰，最早在邊疆部族中得到發展，戰國中期起，被引入中原地區，成為新的作戰樣式。至此，步、車、騎、舟諸兵種及相應的作戰樣式基本形成，奠定了冷兵器時代作戰的基本方式。」①

李際均將軍講得很對，騎戰便是由趙武靈王引入到中原，成為新的作戰樣式而展開的。這種新的作戰樣式，用現代軍事術語而言，就是軍事革命。

騎戰是冷兵器時代的閃電戰，由趙武靈王開創，漢武帝繼之運用發展，最終集大成者為成吉思汗。

騎戰具有機動性、靈活性、突發性、能做到在戰場上「出其不意，攻其不備」，把戰爭空間的擴展以極快的速度推進，從而把戰

爭的主導權掌握在自己手上。《史記‧趙世家》曰：「二十六年，復攻中山，攘地北至燕、代，西至雲中、九原。」那是縱橫千里的大機動奔襲戰，在當時唯有趙武靈王的輕騎兵部隊才能有此戰力和輝煌。那些笨重的戰車部隊和步兵部隊，根本不可能發動類似的戰役。三孔布中的「代」、「雁次」、「右玉」、「安陽」（西）等，甚至燕下都的「武陽」和「武平」、「阿」等，都很可能是那場大戰役留下的勝利果實的映照。

騎兵部隊的構建與騎兵戰力的發揮與否，坐騎是決定性的一個因素。《史記‧趙世家》有一條記載說：武靈王「二十年，王略中山地，至寧葭；西略胡地，至榆中。林胡王獻馬」。一般的論述，把這場戰役看成是趙武靈王擴地略土，使林胡王臣服的一場勝仗。其實，把它和趙武靈王創建的輕騎兵部隊聯繫起來考量，就可看到司馬遷寫的「林胡王獻馬」真是神來之筆，點出了林胡王獻馬與胡服騎射軍事革命之間的實質聯繫。

趙兵配胡馬，那是趙武靈王搞的軍事革命組合的完成。猶如漢武帝連續發動對匈奴戰爭，要獲得汗血寶馬一樣。漢兵加汗血寶馬，才是保證漢朝對匈奴千里征戰獲勝的重要組合。而蒙古人騎的矮小的蒙古馬，更是保證成吉思汗閃電奔襲戰成功的絕妙組合。一個蒙古騎兵通常有三匹馬，其中有一至兩匹是母馬，牠們背負輜重，提供馬奶，必要時提供馬肉。蒙古馬耐寒、耐飢、耐跑，能夠用蹄子敲碎冰層尋找草根吃。所以蒙古騎兵部隊可以連續幾天奔馳，用迅雷不及掩耳的閃電戰，橫掃歐亞大陸。

從某種意義上而言，第二次世界大戰希特勒的坦克兵團組成的閃電戰，現在美軍用電腦敲打的信息戰，其實都是趙武靈王開創的軍事革命延長，胡馬——鐵馬（坦克）——電馬（電腦）。

三孔布中有「圜陽」、「王匀」布，都是確保戰馬來源的要塞或重要城邑和軍市。「圜陽」近胡地，本是趙國與北地胡人交易的一個重要城邑。「王匀」即「土匀」，實指山西石樓土軍古城。土軍在殷商時代便已存在，爲沚國。春秋時稱屈產，是晉國名邑。《春秋公羊傳·僖公二年》：「請以屈產之乘，往必可得也。」何休注：「屈產，出名馬之地。」土軍古城東南道左山下牧馬川，盛產良馬。從三孔布「王匀」、「圜陽」就可看出趙武靈王牢牢地控制著他的輕騎兵部隊坐騎的來源。

此外，輕騎兵部隊的戰力強弱，還在於它有否正規的訓練，有否攻擊隊形和戰術戰略。一支訓練有素、在戰鬥中有各種戰法的攻擊隊形，在講究戰略戰術的優秀指揮員統領下，其戰鬥力會出現幾何級數的增長，不僅能打敗一般的散兵式組合，而且能打敗人數眾多、鬥打驃悍、蜂擁而至的部落或軍隊。

中山國本是戎狄部落，是馬上征戰部隊；林胡軍隊也擅長騎射，但在有組織、有指揮、有戰略戰術的趙武靈王的輕騎兵部隊攻擊下都潰敗了。我們可以想像一下美國在西部拓荒中，是如何擊潰印第安人部落的。如果單打獨鬥，美軍未必是印第安騎士的對手，但在集團對抗中，有組織、有訓練、有攻擊隊形的美軍便佔有絕對優勢。

但是，這些都是搞胡服騎射改革後才顯現出來的威力。而在改革前，反對勢力十分強大，簡直是一場十級大地震，一場軍事的大革新、大革命。

滄海橫流顯趙武靈王英雄本色

滄海橫流，顯出趙武靈王的英雄本色。他先做好兩位重臣肥義、樓緩的思想工作，統一了領導班子思想，三人帶頭在朝廷穿起胡服。

朝野果然一片反對質疑之聲，其中帶頭反對最力的便數趙武靈王的叔父公子成了，竟托病不上朝。武靈王便親自登門看望叔父，而且就穿著那一身胡服去。叔父一見，氣就不打一處來，給了趙武靈王一張冰涼的臉，說我趙家只迎候華夏君王，接待中原使者，從不歡迎夷狄來訪。換漢服，我再見。

趙武靈王說，你有沒有搞錯啊，一家要聽老子的，一國要聽君王的，你興許不會老糊塗到連這點起碼常識都忘記了吧！我就是君王，你只是臣子；為王穿胡服，你就要效法，從官至民，全國推廣。你不僅不效法，還帶頭反對，太過分了吧！

叔父說，在朝，我要聽你的；在家，你要聽我的。泱泱華夏，文明古國，禮儀之邦，那些夷狄正待我們去教化他們，你倒好，本末倒置反過來了。我身為國之老臣，王之叔父，當然要帶頭反對了。

趙武靈王說，服裝是為了穿用方便，禮制是為了辦事方便。因此聖人皆入鄉隨俗，因地制宜，規定禮法，便於民而利於國。剃髮，紋身，兩臂交錯站立，穿著開襟衣裳，這是越人的風俗；塗黑牙齒，額頭刺紋，戴魚皮帽，穿草蓑衣，這乃吳地的風俗。禮制各異，服裝不同，但有利國家、方便人民的原則都是一致的。以此為原則，聖人治理國家其措施就不能一成不變；只要便於行事，禮制可以不同，就連儒家也一師而禮異；中原地區風俗相近而教化不

同，更何況那些偏遠山區，怎能不因地制宜。所以對禮俗的選擇與取捨，誰也不能讓它統一。就像服飾，聖賢也難以讓大家穿著一樣。偏僻地方的人，才少見多怪；孤陋寡聞的人，才喜歡爭辯。我以為，自己不了解的事不要隨便懷疑，不同於自己的意見不要輕易反對，這才叫做革故鼎新，追求真理。王叔你的觀念裡是因襲傳統，而我所說的是改變傳統。

目前趙國四面受敵侵迫，處處被動挨打，我想搞胡服騎射，以對抗燕、三胡、秦、韓各國的入侵。特別令人氣惱的是中山，依仗齊在後面撐腰，常常侵掠我土地，追殺趙國百姓，還一度用槐水攻圍鄗城，差一點就被攻下了。先王一直耿耿於懷而不能忘此恥辱。倘如胡服騎射革命成功了，我們就有一支機動靈活的輕騎兵部隊，近可以在上黨山地隨機應敵，遠則可以報中山之仇。而叔父只知從俗，不知變通，這既有違先王之意，又不思圖強報中山之仇。你真是太令我失望了！

叔父終被說服了，第二天就穿著胡服上朝。一大批反對者一看，也就效法公子成穿胡服了。

而對趙軍首領牛翦的「利不百者不變俗，功不什者不易器」的庸俗功利論，趙武靈王的訓導則偏重在軍事角度。趙武靈王說，古今的利害各不相同，遠近的器具也大不一樣；陰陽不同道，四時有差異，故賢人根據客觀條件去行動，而不被客觀條件所牽制；根據情況操縱兵器，而不被兵器所操縱。你只知道官府舊典籍，而不知器械之利弊；只知道兵甲之用途，而不知於不同條件下變化的措施。兵器用之不便，為什麼不能更換？教化行之不通，為什麼不能改變？先君襄主（趙襄子無恤）因趙與代國接壤，築城以加強邊防，城門叫「無窮之門」（今河北省張北縣南），昭示子孫，任重

而道遠。現在我們穿著笨重的鎧甲，拿著長長的兵器，不便於越過山川險隘；你講仁義道德，胡人不可能來降服。我聽說，忠信不棄功利，聰明不失時機，好個牛翦，現在你用官府舊法典來擾亂我的改革大計、振興大業，這可不是個聰明的作法。

史載牛翦聽訓後，十分拜服，成為胡服騎射的積極推行者，並成為騎軍統領，率兵出了挺關（今內蒙古毛烏素沙漠東南），逾九限之國，絕五陘之險（三孔布有「五陘」布），至榆中，辟地千里。

憑藉王權，以及無礙的辯才和不退縮的意志，趙武靈王的軍事革命就這樣搞起來了。

七打中山拓地千里成超級大國

三孔布「扶柳」見證趙攻中山的首戰

　　趙武靈王正式在全國頒布了著胡服、習騎射的命令，又經過上上下下的宣傳發動，一段時間之後，國中無貴賤，莫不胡服者，有騎射本領的，也紛紛來投軍。趙武靈王於是率先指揮胡服軍隊破原陽，以原陽為訓練輕騎兵部隊的根據地，又稱騎邑。三孔布有「原陽」布，即指此騎兵訓練中心。於是廢車乘馬，日逐射獵，加強演練，反覆演習，不到一年時間，就訓練出趙國的一支精銳的輕騎兵。

　　這時，趙武靈王派出去刺探中山國政情、軍情的探子紛紛回來通報，其中李疵的報告引起了他的注意。據《韓非子・外儲說左上》載道：「中山可伐也；君不亟伐，將後齊燕。……其君好巖之士，所傾蓋與車以見窮閭隘巷之士以十數，伉禮下布衣之士以百數矣。……夫好顯巖穴之士而朝之，則戰士怠於行陣；上尊學者，下士居朝，則農夫惰於田。戰士怠於行陣者則兵弱也，農夫惰於田者則國貧也。兵弱於敵，國貧於內而不亡者，未之有也。伐之不亦可乎！」

　　武靈王讀罷怦然心動，決定將剛訓練出來的這支輕騎兵部隊投到實戰中去，看看是騾子還是馬。趙軍首先從南線進攻，公元前307年（趙武靈王十九年），「王北略中山之地，至於房子」，拉開了進攻中山的序幕。房子，今趙州之高邑，臨城二縣皆房子地。

此外，《戰國策‧趙策》記載：「趙攻中山，取扶柳。」

房子、扶柳都是中山國南部的重要邊境城邑。尤其是房子，趙與中山多次在此激戰。

趙武靈王初戰告捷，小試牛刀成功，便見好就收，把扶柳收入趙國版圖後，便班師回趙休整，總結經驗後準備再戰。三孔布有面文「大酉」布，黃錫全先生釋爲「扶柳」。攻房子，取扶柳，是趙國滅中山之戰的首戰。

「扶柳」三孔布，則是這一歷史的見證。

兵分兩路，使出五國

中山是千乘之國，列地方圓五百里，其國力和規模遠比公元前406年魏攻中山時強大。

經過統籌謀劃，趙武靈王訂下了牛刀割肉、蠶食侵略的戰略。

公元前306年（趙武靈王二十年），兵分兩路，一路從西北進攻。《史記‧趙世家》云：「王略中山地，至寧葭。」寧葭即蔓葭，綿曼。《一統志》云：「綿曼故城在今正定府獲鹿縣北。」地當今石家莊市西北。此年趙軍益兵由中山西北進攻至蔓葭，可推知已經占有附近的井陘之地。《戰國策補釋》：「太行有八陘，第五陘爲井陘。」三孔布有「五陘」，即指此關塞。

井陘是重要的關塞。井陘被攻破，趙武靈王便命令將軍牛翦分兵西上，「西略胡地，至榆中，林胡王獻馬」。迫使林胡王獻馬，就可擴大趙武靈王麾下的輕騎兵部隊，爲下一輪發動大規模進攻打下了物質的基礎。

不過這次打中山，略胡地，動靜鬧大了。戰爭‧結束，趙武靈

王就派了五個能幹的大臣，樓緩、仇液、王賁、富丁、趙爵，分別出使秦、韓、楚、魏、齊，無非是說趙歷年如何受中山侵略，中山王國如何無道，趙國無意滅中山，懲戒而已云云。極力打消列強猜疑，阻止了各國發兵救中山的念頭。

與此同時，還派代相（即代人趙固）出使胡、代等國，要求借兵。看林胡王已獻了馬，東胡、代等國也就答應借兵了。

公元前305年的那場戰役

趙武靈王有兵有馬，又有了安全的國際環境，決心正式亮出牛刀，大幹一場。

公元前305年，即武靈王二十一年，趙國出動二十萬大軍攻中山。

《史記・趙世家》載：「趙袑爲右軍，許鈞爲左軍，公子章爲中軍，王并將之。牛翦將車騎，趙希并將胡代。趙與之陘，合軍曲陽，攻取丹丘、華陽、鴟之塞。王軍取鄗、石邑、封龍、東垣。中山獻四邑和，王許之，罷兵。」經過前兩年對中山南部、東部和西部的小規模攻伐，趙國這次攻伐中山的戰爭聲勢甚大，以趙武靈王爲首，國君之子趙章、趙國貴族趙袑、趙希爲輔，加之大將許鈞、牛翦等，統率趙國五路大軍，兵分兩路，從中山南部、西北部兩線大舉進犯。以武靈王爲首的趙軍主力左、中、右三軍從南路進軍，奪取了鄗、石邑、封龍、東垣四座城邑；牛翦統領的車騎兵和趙希統領的胡、代之兵會師於曲陽，從西北路進軍，奪取了丹丘、華陽兩座城邑和鴟之塞（參見下頁圖）。趙軍所取之地都是中山國的重要城邑，表明趙軍已經突破中山長城防禦線，開始進逼中山的腹地。中山國被迫割讓四邑求和。

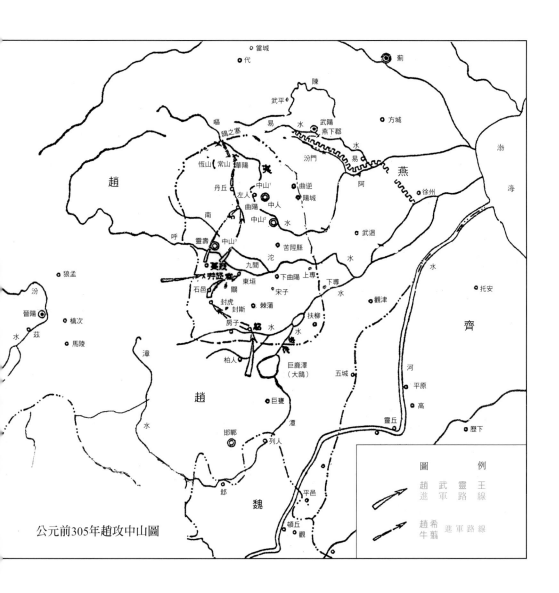

公元前305年趙攻中山圖

常城　代　　　　　　薊

陳

武平

嘔　易　武陽
陽之塞　水　燕下郡
　　　　　　汾門　水　易
恆山 常山 華陽　代　　　　燕　　　　　渤
丹丘　中山¹　曲逆　阿　　徐州　　海
南　左人　陽城
呼　曲陽　中山²
靈壽　中山³　水
　　中山⁴　苦陘縣
九間　沱　　武迴　水
東垣　下曲陽 上尃
關　石邑　宋子　下尃 水　托安
封虎　棘蒲　　觀津
封斯　　扶柳
房子　鄗　水 水
　　水
柏人　巨鹿澤
　　（大鷗）　五城 河
巨襃　　　平原
　　　　　　靈丘　高
邯鄲　潭　　　　　歷下
列人

狼孟
汾　晉陽
茲　榆次
水　馬陵
漳

趙

齊

魏
邯
　邡
平邑
頓丘
觀

圖　　　例

趙　武　靈　王
進　軍　路　線

趙希
牛翦　進軍路線

從公元前305年趙攻中山國和三孔布分布圖來看，三孔布中的石邑、五陘、南行唐、曲陽、華陽，包括封斯、關等，都在這次趙武靈王的進軍路線上。這些三孔布地名很可能就是在中山國被迫割讓的四邑範圍內。

不斷蠶食侵略，趙軍步步進逼

休兵一年後，趙武靈王按預定的侵略計畫，在公元前303年又發動了對中山的進攻。《史記·趙世家》記載，趙武靈王「二十三年，攻中山」。可見，中山以割地換來的和平並未維持多久。

公元前301年，武靈王二十五年，《史記·六國年表》載「趙攻中山」。

同年，趙武靈王心愛的吳娃去世，即「惠后卒」，趙武靈王為吳娃舉行了隆重的國喪，並罷兵。

翌年，《史記·趙世家》記載：「二十六年，復攻中山，攘地北至燕、代，西至雲中、九原。」是年，可知趙已經占領了中山大部分土地，因此可以過中山之境而向北攘地於燕、代。

《呂氏春秋·先識》記載：「中山五割與趙。」就是說幾乎每次趙攻中山，都得到了中山國允諾的割地求和的結果。趙對中山的蠶食戰略是成功的。

決定性的機會來了！

公元前299年，即趙武靈王二十七年，秦、韓、齊、魏長期伐楚，處於僵持膠著的狀態。《史記·趙世家》曰：「楚久伐而中山

黃金貨幣時代的新發現——三孔布新考

亡。」即指此事。

而同時，齊燕兩國又打起來了。《戰國策·齊五·蘇秦說齊閔王章》曰：「且天下遍用兵驕，齊燕戰，而趙氏兼中山。」

形勢一片大好，戰國七雄中除趙以外，都在混戰之中。趙武靈王感到機不可失，出動大軍，以秋風掃落葉之勢，把中山國的五百里地併吞了。《戰國策·秦三·范雎至秦章》記載：「中山之地，方五百里，趙獨擅之。」注曰：「鮑本武靈二十七年，亡中山。」《史記·秦本紀》也記載：「（秦昭襄王）八年……趙破中山，其君亡，竟死齊。」

那位亡齊的中山國王叫尚䲧。趙武靈王佔有中山國後，沒有立刻將其消滅，而是立了位傀儡國君稱勝，也稱尚。

中山王尚在位時期，雖尚且保存中山的名號，但完全是趙國的附庸，並曾跟隨趙國進攻秦國。《史記·秦本紀》記載，公元前296年，（秦昭襄王）十一年，齊、韓、魏、趙、宋、中山五國共攻秦，至鹽氏而還。」正義曰：「蓋中山此時屬趙，故云五國也。」

眼看趙國要把中山獨吞了，混戰著的燕齊兩國方醒悟過來，也急匆匆地派軍隊到燕中山和齊中山的邊境打劫了些土地。《韓非子·有度》稱：「燕襄王（即燕昭王）以河爲境，以薊爲國，襲涿、方城，殘齊、平中山。」《韓非子·飾邪》也記載：「燕東縣齊國，南盡中山之地。」

一些書上認爲最後是趙燕齊聯合滅了中山，恐怕與歷史眞相差很遠。中山王尚䲧亡齊求援，齊根本沒救援，反而去搶了些中山地。

趙國花了八年的時間，七打中山國，從無邀請燕齊聯兵去打中

山，志在獨擅。所以說燕齊最後的趁火打劫，只是加速了中山的滅亡，並無三國聯兵滅中山之實。

從公元前307年起，至公元前299年止，趙武靈王完成了對中山的兼併，把原中山國土收入了趙國的版圖，成為六國中唯一能與秦爭天下的超一流強國。正如《戰國策‧秦策》所載：「中山之地方五百里，趙獨擅之，功成名立利附，天下莫能害。」

趙武靈王的四大改革與一項準備

　　除了中山這個心腹之患，趙國國力大增，一躍而爲超級大國。趙武靈王意氣洋洋，創造性的思維，有些甚至是令人匪夷所思的怪招，不斷奔湧而出，閃耀著天才的火花。

　　自公元前299年至公元前296年的三年多時間裡，蓋而言之，趙武靈王搞了四項大改革和積極從事攻秦準備。

　　第一項改革是在北部新拓的疆域設置了雲中、雁門、代郡和九原四個郡，並在郡下劃分許多縣，建立了由中央直接委派官吏，垂直領導的郡縣兩級制的地方政府，加強了國家對邊地的統治。

　　趙武靈王這一改革，可以看出「郡縣制」不是秦國的專利權。《史記・趙世家》載「惠文王二年，主父行新地，遂出代，西遇樓煩王於西河而致其兵」。主父即趙武靈王，意思是他到推行郡縣制的新地進行巡視考察，還會見了樓煩王，向他借了兵。

　　第二項改革是築長城防胡人南下，解放奴隸，移民屯邊，充實邊防。史載趙「築長城，自代并陰山下，至高闕爲塞」。

　　有人考察，趙築的這條長城東端起於趙國代郡所轄的今河北省張北縣南，向西沿內蒙古大青山、烏拉山下，至烏拉山西端一谷口高闕爲塞以堵塞胡人南下，把匈奴、林胡、東胡等遊牧部族都阻隔在這條長城之外。

　　秦始皇統一天下後，下令造萬里長城，成爲千載話題。看來秦始皇修長城是襲趙武靈王故智，秦始皇的萬里長城也不過是趙長城

的延長。

有了城牆，還需人守。趙武靈王下令「命吏大夫遷奴於九原」。就是把奴隸從內地遷到九原去（今內蒙古包頭西），即三孔布「安陽」西一帶。這項措施的歷史意義是遷到九原的奴隸擺脫了原來奴隸的奴役，而成為自由身分的農民，既增加了邊地的農業勞動力，也從客觀上削弱了內地的奴隸制殘餘，同時加速了邊地的封建化進程。

秦始皇統一中國搞的「黔首是實」，也就是這套玩意。

第三項改革是對接班人制度做改革。

在併吞中山國的同時，趙武靈王就做出了一個英明的決策，很可能是有點英明過了頭的決策，即傳位太子，自號主父，意思是主事的父，也就是後來的垂簾聽政，重大決策決定權之類的政治模式。

《史記·趙世家》載：武靈王「二十七年五月戊申，大朝於東宮，傳國，立王子何以為王。王廟見禮畢，出臨朝。大夫悉為臣，肥義為相國，並傅王。是為惠文王。惠文王，惠后吳娃子也。武靈王自號為主父」。

自號為主父的武靈王，後喬裝趙使見了秦王，曾與秦王就接班人制度一事做過如下對話：秦王問，趙王年紀也不大啊？趙武靈王答，是，不到四十，正值壯年。秦王問，既在壯年，為何這麼早傳位給兒子啊？趙武靈王答，我們大王認為，國家的君王不退，太子們預備期太長，不懂政務，不會決斷，缺乏執政經驗。一旦扶正，兩眼茫然。這是一個被我們都忽略了的弊端，應當改革。我們大王便是基於此種考慮，激流勇退，是想讓太子早點得到執政的鍛鍊。不過我們大王雖然退了，但還是主父，國家大事還是要由他來做決

定的。

當然這項政治體制的改革夭折了，還賠上趙武靈王自己的命。但不是趙武靈王這條改革有錯，恰恰錯在其沒有堅持這條改革。隨著吳娃的死去，趙武靈王專一的愛也逐漸消退，對長子趙章產生了憐愛，想搞把趙國一分為二的分封制。

趙武靈王還在猶豫不決時，那一頭公子趙章和他的老師田不禮就等不及了，覺得是個機會，公元前296年春夏之交，趙武靈王攜兩個兒子趙何、趙章去遊沙丘時，大兒子趙章竟然率兵政變，攻進弟弟惠文王的行宮。不料那一頭早有察覺準備，一個反攻，趙章兵敗逃到沙丘主父行宮躲命去了。惠文王的老師李兌是個很有決斷的人，下令攻入沙丘主父行宮，搜出趙章，一劍砍了。然後撤出，圍住行宮。圍了三個月，把一個蓋世英雄趙武靈王圍得沒吃沒喝，弄得上樹找鳥蛋吃，最後活活餓死了。史稱「沙丘事變」。

司馬遷說得好：「吳娃死，愛弛，憐故太子，欲兩王之，猶豫未決，故亂起，以至父子俱死，為天下笑，豈不痛乎！」

中國的皇權（王權）和專制獨裁權，渾如褲襠裡的生殖器，帶有壟斷私有性和私慾任意性，常有亂搞胡搞的症狀，搞大了還禍國殃民，搞差了也可能賠上卿家性命。權力，特別是獨裁專制權，它是把雙刃劍。它可能是一把開天闢地、建萬世功業的太阿之劍，造就英雄偉業；更多的時候，它在私慾的任意性驅動下，是殺人、脅迫人的玩意兒。

趙武靈王在政治體制改革上的動搖，私情私慾的張揚，正是其在這方面改革失敗的原因。所謂千古一帝秦始皇，也在接班人制度上栽了跟頭，導致二世而亡。其錯和趙武靈王同。

第四項大改革即有關本書主旨的貨幣體制改革──趙武靈王創

制了由中央政權統一鑄行的名爲三孔布，以銖兩爲重量名稱的二級貨幣和以金、銀、銅爲並行本位的貨幣體制。

趙武靈王推行貨幣體制改革，史無記載，司馬遷也沒留下片言隻語，想必他這個大史學家在漢時也沒見過三孔布。但現在有三孔布實物在，司馬遷沒有寫的，讓咱就續續吧，也許這就叫中國夢吧！

由於論述篇幅較長，這裡先點一點，且聽下節詳述。

一項準備即攻秦的準備，也可以說上述推行的四項大改革也是爲攻秦做準備。

《史記·趙世家》曰：「主父欲令子主治國，而身胡服將士大夫西北略胡地，而欲從雲中、九原直南襲秦，於是詐自爲使者入秦。秦昭王不知，已而怪其狀甚偉，非人臣之度，使人逐之，而主父馳已脫關矣。審問之，乃主父也。秦人大驚。主父所以入秦者，欲自略地形，因觀秦王之爲人也。」可謂「深入虎穴」，一身膽識是也。

趙武靈王真是敢想敢幹敢闖敢說，一句話，敢玩真的，敢玩大的豪傑。他不以併吞中山、胡代之地而滿足，大有滅秦統一天下的豪情。

三孔布唯趙武靈王才能創鑄佈行

公元前299年，趙武靈王兼併了中山國，開拓了胡、代新地；至公元前296年沙丘事變，自稱主父的趙武靈王餓困死於沙丘行宮止，是趙國國力鼎盛，騎兵部隊戰無不勝，版圖大擴展之時；綜觀三孔布地名顯示的疆域等因素，筆者斷爲是趙武靈王創鑄佈行三孔布之時。

1. 從三孔布地名反映的疆域

俗話說：「內行看門道，外行看熱鬧。」所謂功夫在題外。筆者說了半天趙武靈王的故事，就是說明三孔布唯有趙武靈王那段最輝煌的生涯歲月才能創鑄佈行；三孔布分布圖顯示的趙國疆域也唯有趙武靈王的輕騎兵才能奮蹄踢踏出來的。

趙武靈王麾下的輕騎兵和部隊在南征北戰、東討西伐的十餘年間，究竟把趙國的疆域擴展到了哪裡？史書上有的記載了，三孔布上的地名也有反映出來。

(1)原中山國三孔布地名

如公元前299年，經過八年七次攻打中山國的征戰，得到「中山之地方五百里，趙獨擅之」的結果。三孔布上原中山國地名的三孔布：扶柳、石邑、五陘、南行唐、曲陽、華陽、迎陽、望都、新

處、下曲陽、北九門、宋子、上專、下專、封斯、關、氏陰等，都見證了那段歷史。

(2)新拓胡地和燕代等三孔布地名

而趙武靈王二十年，「西略胡地，至榆中，林胡王獻馬」。二十六年，「攘地北至燕、代，西至雲中、九原」。

公元前299年，趙武靈王二十七年，（惠文王元年），武靈王自號主父，「欲令子主治國，而身胡服將士大夫西北略胡地，而欲從雲中、九原直南襲秦」。

公元前298年，惠文王二年，「主父行新地，遂出代，西遇樓煩王於西河而致其兵」。

公元前297年，惠文王三年，「滅中山，遷其王於膚施，起靈壽，北地方從，代道大通」。

根據上述史料，再結合已發現的三孔布地名，可以得出在趙武靈王上述一系列征戰中，阿、當、武陽、武平、無終、代、安陽（東）、陽原、郭、平、雁次、右（玉）、安陽（西）、圜陽、王匀等，是其征略之域或重點視察之地。

據說有人收藏一枚面文「漁陽」的三孔布。如是，趙武靈王向東北的燕地開拓就更遠了。

(3)控制經濟走廊在三孔布地名的反映

趙武靈王在壯年之際就傳位於吳娃之子趙何，雖說是為了培養他接班執政理政的能力，但另一主要目的是為了集中精力，為攻打秦國做準備。而戰爭是要燒錢的，所謂「兵馬未動，糧草先行」。趙武靈王的輕騎兵部隊，人要吃糧，馬要吃草。而一場攻秦的大戰爭，要燒的錢，要消耗的物資將是巨大的。打仗在某種意義上就是

拚經濟。

趙武靈王顯然是一個有全局眼光和戰略頭腦的統帥人物。從太行山以西和太行以南的眾多三孔布地名中，可以看到趙武靈王對經貿的重視，對控制經濟走廊的重視。

戰國時期，由東周洛陽渡河，經溫、軹，經邯鄲、北到中山與燕國的涿、薊等邑，有一條縱貫南北的交通幹線，這是中原地區南北交通的大動脈。魏、趙、中山、燕、齊諸國之間和胡、戎等的經貿與政治、軍事往來均離不開此條大路。據《史記·貨殖列傳》載：「溫、軹西賈上黨，北賈趙、中山。」原來這條南北大道，中山國控制著許多關隘邑城，影響力很大，使趙國受到掣肘。而在趙武靈王滅了中山後，就保證了「代道大通」，河洛、韓、魏欲北賈者，齊燕等北賈者，基本上就奔走商賈於趙國獨控的南北大道了。

三孔布的懷、邵也、中牟（中金）、厽、甫反、邟、陽晉、罰、戲、鑄、平臺、邢、丹（邯鄲），再經過原中山國各城邑，便構成了韓、魏、東周、齊、燕、趙（包括原中山國）這樣一條經濟走廊。

而另一條太行山以西，以汾河流域和太行山上黨區域北上經濟通道，即所謂「西賈上黨」之說。即秦、韓、魏、楚即東周北上，與趙、胡進行經貿交流。而三孔布的間、奇氏、垣、北屈、甫陽、北箕、大陰、平匋、汾陽、分布、陽晉、鄔、介（休）、圜陽，即汾河流域經貿走廊。

而中牟、建邑、毛城、涅、余亡、關與、陽邑、上艾、昔陽等，則屬上黨經濟走廊。不過這些經濟走廊中的許多城邑，還是帶有軍市性質。

而「大丹」布的出現，我們彷彿看見趙武靈王有建設大邯鄲的計畫，更可窺見其有稱霸一統的雄心。看譚其驤先生主編的《中國

歷史地圖集》第一集中的戰國「諸侯稱雄形勢圖」，可以看到邯鄲在諸侯稱雄形勢圖居中的地理位置，因此可以窺見趙武靈王要把邯鄲打造爲天下中心之都的夢想。

綜上所述，自公元前299年至296年，是趙武靈王爲促進和穩定新佔領區域經貿交易和人民日常生活貨幣流通所需，並且爲準備攻秦著想，鑄行了由中央統籌安排的、以銖兩爲重量名稱的二級貨幣制的三孔布。

由中央統一鑄行，面文以地名爲主的三孔布，也是國家表示對此地域實行有效行政管理和有領土主權。從三孔布地名看，當時趙國疆域遼闊，跨有現在的山東、河南、河北、山西、陝西、內蒙古的部分和大部分。東北以阿、武平、武陽、當城爲一線，是燕趙邊界，北達無窮之門，西北抵安陽（西），東達濟水「鑄」與「陽晉」，南則鄰接河洛地區。該疆域範圍，不僅獨擅中山國五百里，而且開拓大片胡、代新地，佔有了原本屬趙和燕、齊、韓、魏的一些鄰接地區的城邑，並跨過西河，佔有部分上郡之地，築了「挺關」軍事重鎮，直逼秦國，成爲戰國七雄中唯一與秦能抗衡和可能攻秦或可能統一各國的超級大國。《戰國策・趙策二》所言，當時趙國「地方二千里，帶甲數十萬，車千乘，騎萬匹，粟支十年。……且秦之所畏害於天下者，莫如趙」。

2. 三孔布爲趙武靈王鑄行的另幾條理由

(1)趙國的貨幣原由地方自主鑄行爲主，形制多雜，如「藺」字地方貨幣就有聳肩尖足布、刀幣、圜幣、圓首圓肩圓足布和方足布，還有鄭國和中山國仿鑄的重量較輕的山寨版圓足布。這一方面

說明了趙國經濟與「藺」地經濟的繁榮和國際國內貿易的發展；但另一方面也說明了趙國中央政權對地方經貿財政的控制和管理是放任或不力的。

公元前299年，趙武靈王爲了攻秦，僞裝趙使出使秦，對秦國的山川地理、軍事、社會經濟和生活風俗等，沿路做了考察，並和秦王做了近距離的對話。

顯然他對秦國實行中央鑄錢管理和使用單一半兩錢一事印象深刻，並觸發了他推行中央政權統一鑄行，以銖兩爲重量名稱的二級貨幣的靈感。趙武靈王是個有創造力和執行力的領袖，可以推斷在出使秦國後，便創鑄了以銖兩爲重量名稱的二級貨幣三孔布。從三孔布以金、銀、銅爲本位，以銖兩爲重量名稱和三孔布中有「釿」等字布的二級貨幣制看，趙武靈王大有將其推爲一種國際通用貨幣和大統一貨幣的考慮。

(2)根據考古發掘的材料，證實三孔布是圓首圓肩圓足布之後的一種貨幣。

1986年秋，原中山國靈壽故城鑄幣作坊遺址出土有「藺」字布石範、陶範和一枚「藺」字大布。範有石範和陶範，其中僅陶範就有十四件。另外在該遺址還出土了燕明刀範和幣。此外，在其他遺址還出有數量較多的尖足空首布、尖首刀幣、「成白」刀幣、「明」刀幣、「甘丹」、「白人」刀幣等。

報導靈壽故城出土貨幣的學者認爲，「這些圓足布（藺）、燕明刀、甘丹、白人刀等，是中山國仿鑄燕國、趙國的貨幣」。並指出，「當時藺邑鑄有藺布幣在民間流通，故中山仿鑄藺布幣做對外流通之幣。但是中山仿鑄之藺布以其幣形不同，區別於趙之藺布幣」[2]。

《史記·貨殖列傳》載：「中山地薄人眾，猶有沙丘紂淫地餘

民，民俗懁急，仰機利而食。丈夫相聚遊戲，悲歌忼慨，起則相隨椎剽，休則掘冢作奸巧冶……」。

靈壽一帶有銅礦，中山人憑其「仰機利而食」與「作奸巧冶」的民風，把靈壽搞成山寨版貨幣生產的基地。但靈壽大規模的考古挖掘，卻沒有發現一枚三孔布和一件三孔布範。

此外，1992年8月，在河南新鄭「鄭韓故城」遺址內大吳樓鑄銅遺址南部邊沿地帶也出土有「藺」字大圓足布面、背範三十二件，「離石」大圓足面範一件。1993年5月，又在城內小高莊西遺址出土「藺」、「離石」大圓足布面、背範一一〇餘件，其中夾有一件石質大圓足布石範。這說明鄭國也仿鑄過趙國的圓首圓肩圓足布。但發掘中依然沒有發現一枚三孔布或一件三孔布範。而鄭是在公元前375年被韓滅掉的。這三件發掘材料證明了圓首圓肩布流通甚廣，很有人氣，而且至少在公元前299年上溯至公元前375年期間，圓首圓肩圓足布已流通於世，但三孔布還沒問世。因此我認為三孔布是在公元前299年之後才開始出現的一種貨幣。

黃錫全先生通過對三種圓足布形制等研究，認為其時代先後順序是：「圓足布→三孔布→類圓足布」[3]，筆者認為是正確的。

劉森先生認為三孔布是公元前296年趙滅中山國以後才出現的一種貨幣的判斷，方向是對的。但是根據史料，公元前299年中山國實已名存實亡。聯繫趙武靈王詐稱趙使出秦和靈壽古城等考古發掘材料及相關史料，筆者認為三孔布是趙武靈王在公元前299年創鑄的判斷有著合理的內涵。

(3)圓足布中有地名「藺」和「離石」兩種，而從其有多種形制的貨幣鑄行的情況看，該兩地是秦、趙、胡和溫、軹與河洛地區北上商人在此聚集的國際貿易城邑。從史料看，又是秦趙兩國兵家多

　　　　　黃金貨幣時代的新發現——三孔布新考

次交鋒的要地，也有大軍市的性質。「藺」和「離石」兩地對趙國的重要性是不言而喻的。

　　但是，三孔布中至今沒有發現「藺」和「離石」兩種布，這是爲什麼呢？依筆者推斷，這正是三孔布的形制是繼承圓足布形制發展而來的一種合理現象。趙武靈王在決定進行貨幣體制改革時，採用了以圓足布形制爲基本藍本，以銖兩爲重量名稱的三孔布時，考慮「藺」和「離石」兩布鑄行流通已久，流通在外的貨幣量相當大，從利民便民和成本節約原則看，把「藺」和「離石」作爲三孔布系統的一種「老幣版本」而繼續流通，是合理並受民間歡迎的。

　　貨幣向圓形有孔方向演進，是一種進步的傾向。三孔布中有「分布」名一種。「分布」原是平首平肩，首上有孔、足尖趨圓的橋形弧襠布。而魏的橋足布也偶有首部有孔的，顯然是爲了便於攜帶穿繫而設。一般錢幣研究都傾向把「分布」幣也歸爲魏的橋足布系，現在看來值得商榷。三孔布把「分布」納入其系列，顯然認爲它是趙幣，其首部有孔也很可能是趙武靈王決定三孔布採有孔形制的啓發和靈感。當然，也考慮到秦半兩錢和魏橋足布的有孔之點。

　　但是，一般認爲三孔布的三個孔，在刻範和澆鑄等製作時，都帶來不便。錢幣在形制上去繁就簡一般規律。有的研究者據此認爲三孔布早於圓足布，但考古發掘報告否定了這一判斷。

　　筆者以爲事物的發展不是一直線的，並非一步到位，有時是曲曲折折或以螺旋式的方式發展的。偶爾，甚至會帶有十分強烈的個性和特性。三孔布的有孔，比圓足布進步，有合理性。但是三個孔似有畫蛇添足之感。但筆者從美學的角度而言，三孔布比一孔布更有空間均衡的美感。

　　趙武靈王是有美感和創意的。三孔布的文字規整和書法佈局的均

衡美，在篆體中的方折陽剛之氣，可謂三晉書法的代表。三孔布的形制也是美的。它的三個孔，以筆者研析，或許有將中山、胡地收歸趙國版圖之象徵意義，即趙、中山、胡三國（孔）成一統的意思。

(4)三孔布背首穿孔上的數字，應是和「藺」、「離石」圓足布背面爐次編號數字同一性質。筆者也收藏有「藺」和「離石」布的金、銀、銅材質的貨幣，背文編號數字相當大，可見當時鑄行量不小。而三孔布背首穿孔上數字較小，也可窺知三孔布當時發行量較小。

貨幣鑄有爐次編號，是確保貨幣鑄造質量在管理上的一種進步，是一種質量管理責任制。從鑄金銀幣的角度看，它還是一種貴金屬管理的責任制。唐會昌開元通寶背後的鑄地名，南宋貨幣的年號數等，可說是圓足布、三孔布爐號編次的濫觴。

三孔布存世量少，究其原因，筆者以為和公元前296年那場沙丘事變有關。隨著趙武靈王的去世，逼死趙武靈王的沙丘事變的主角公子成和李兌把持朝政，而惠文王又年少。公子成與李兌對排除趙武靈王的政治勢力和政策是不遺餘力的。《史記·趙世家》曰：「是時王少，成兌專政。」隨著人亡政息，趙武靈王推行三孔布鑄行的貨幣體制改革也就夭折了。三孔布僅鑄行了三年，這也就是為什麼三孔布存世量極少的原因了。

三孔布是戰國中期最晚時期趙國鑄行的。公元前296年，隨著趙武靈王的死，戰國中期的幕落了；自公元前296年起，中國進入了以秦統一各國的兼併戰爭的戰國晚期了。趙國在秦的不斷打擊下，版圖日益縮小，趙武靈王創鑄三孔布時顯示的城邑、疆域也被秦不斷併吞，不復存在了。金色的三孔布閃耀著趙武靈王時代的輝煌，那是短暫而永久的輝煌歷史。

了結二千三百年前的公案

通過筆者繪製的三孔布分布圖與本章第四節「三孔布唯趙武靈王才能創鑄布行（公元前299～296年）」的立論，實際上已否定了目前有關三孔布在國別、年代問題上的諸家之說，對二千三百年前的三孔布公案做了了結。

因此，本節筆者對諸家之說的見解，只做概括性、批注式的論述。

1. 彭信威之秦最早銖兩貨幣說已屬論外

彭信威先生是先秦貨幣研究的先行者，其對三孔布的研究是草創期帶有探索性質的論說，是不能苛求的。

彭先生根據三孔布的銖兩制定為秦最早鑄行貨幣說，現在錢幣學界的一般共識都是否定的，究其原因，不外如下兩點：

(1)對三孔布上面文的地名釋讀，當時剛起步，不知道都是趙國地名或原中山國地名。對文字的三晉風格也不了解。

(2)對1949年以後大陸出土的文物，如趙、燕等在戰國都使用過銖兩的事實並不知道。

2. 戰國晚期趙幣說和秦佔趙地鑄幣論休矣

兩論都主張三孔布是戰國晚期貨幣。一為趙鑄，一為秦佔趙地

後所鑄。

主張趙幣論者以李學勤和裘錫圭爲代表。他們的論點中有一條說：「四是已考之地名，多在趙之東半部，常見於趙之尖足布，方足布上的西半部地名多不見於三孔布，很可能是趙的太原地區被秦取以後才鑄行的，其鑄行年代上限早不過秦莊襄王時代（公元前249～247年）。

而主張秦佔趙地鑄說的朱活先生則認爲：三孔布「顯然是戰國晚期秦佔領三晉的城邑（主要是趙國的城邑）後鑄行的布錢，秦大舉攻趙是從胡陽攻趙的關與開始，時爲公元前270年」。到公元前222年秦滅趙，「三孔布的鑄行極可能就在這一段歲月之內」。（注：胡陽應爲胡傷，公元前270年應爲公元前269年）

三孔布中有「關與」地名布，關與是太行山脈上黨地區一處戰略要地，在今山西和順縣西北，歷來爲兵家必爭之地。《史記·秦本紀》昭襄王「三十八年（公元前269年），中更胡傷攻趙關與，不能取」。那不是不能取，而是被趙國名將趙奢殺得大敗。關與之戰，秦國敗退，把關與之戰定爲秦佔領趙國城邑後鑄行的布錢開始，立論是有問題的，至少不嚴謹。

可以略去這點不論，戰國晚期趙國鑄幣說與秦佔趙地鑄幣說，實際上是一個錢幣的正反面，都主張太行山以東地區是三孔布鑄行區域。倘如對照筆者繪就的三孔布分布圖，這兩種論說立馬就站不住腳了。太行山以西的三孔布分布林林而立，太行山以南的河洛商貿通道上也星星點點布置著三孔布。那些區域在趙武靈王國力鼎盛期，秦軍不敢與趙軍爭鋒較長短；而太行山以東地區的三孔布地名所在地，不正是在趙武靈王七打中山國後新版圖之內的嗎！

特別要指出的是朱活先生的論說，浸潤著「文革」崇秦始皇論

的影響。朱活認為：由於三晉是長期鑄行布錢的，其習俗勢力是不可低估的，如果不暫時保持其原來的布錢形狀，說不定在交換市場上還不受歡迎，因而想出了這種折中的辦法，所以有理由把三孔布「看作是秦佔領趙邑後，暫時出現的圓錢（圓形圓孔）與布錢的混合型鑄布」。

這就有點不知史實或完全違背史實了。裘錫圭先生就指出：「三是三孔布地名絕大部分屬趙，其形制和文字完全是三晉作風，秦政權決不允許用被征服國的幣制和文字來鑄錢。」

無數史實證明秦始皇在統一天下的兼併戰爭中採取的是以殺止戰的鐵血政策和強本弱末的打擊商工政策。僅舉兩例：

公元前260年，秦趙長平大戰。秦勝，趙國降卒四十五萬全部被坑殺。試問，秦軍有必要折中去鑄趙國人民受歡迎的三孔布嗎？

秦滅六國後，又「徙天下豪富於咸陽，十二萬戶」。這種打擊地方勢力和抑商政策，在秦統一六國的征戰過程中是一貫的，在統一後治理過程中也是一貫的，根本不搞折中式和平過渡論。

此外，汪慶正先生認為：「從錢幣學的角度考察，三孔布有大、小兩型，小型者都在8～10克，而戰國晚期大部分方足、尖足布已沒有大型，只有重5～6克的小型布，故三孔布決非戰國晚期貨幣。」筆者認為這一論斷是合理的。

3.中山國的貨幣是山寨版文明

從司馬遷的描述看，中山國民風還有紵淫之風，原始部落式的群聚習俗尚存，整個文明程度不高。中山王墓出土的一些精美工藝品和「半山二器」的义字，只是中山少數貴族文化的反映。而作為

流通領域的貨幣，是當時民族文明普遍程度的一個標誌。像三孔布那樣精美規整的貨幣，不是「仰機利而食」的文明程度的民族所能創製的。

再從三孔布分布領域看，豈是僅有五百里國土的中山國所能包容的。不要說對照筆者所繪製的三孔布分布圖是如此結論，即使以早先業已發現的三十八種三孔布的地名而言，也非中山國領域所能包容的。關於此點，劉森先生也已論及，不再贅述。

此外，周祥先生論及「圓足布的形制是受了三孔布的影響」之說，也是歷史順序的顛倒。

汪慶正、楊科、周祥諸先生的三孔布是中山國貨幣說，是對中山國貨幣是一種山寨版文明實態的乖離。

4. 強釋「木」爲「牛」的中牟中心論

郭若愚先生的「中牟」中心論的三孔布之說，實際上是一件國王的新衣。

郭先生認爲戰國古文字中的「木」均作「米」，可見「米」不是「木」字。此字應釋爲「牛」，「㐀」即「牟」字。

這個說法是不成立的。商承祚先生等合編的《先秦貨幣文編》有「木」字爲「米」，注明出處源於「河北滄縣蕭家樓刀幣」的拓本。而「牛」字皆爲「半」形。《說文・牛部》：「牛，大牲也。牛，件也。件，事理也。象角頭三，封尾之形。」

郭先生釋「㐀」爲牟，是強按牛頭喝水，爲賦新說強釋牟。爲了配合中牟中心論說，又把一些有共識的「石邑」、「雁次」、「上艾」、「上專」、「下專」、「南行唐」、「曲陽」、「平

臺」等三孔布名重釋一遍，都是強釋。故郭說出，幾無人贊同。

郭說將三孔布定為趙烈侯（公元前408～公元前387年）時期。其時，很可能三孔布之前的圓足布也還沒問世，何來三孔布的橫空出世呢？

三孔布的中牟中心論是一件國王的新衣。

5. 黃說有浪漫而缺實證

黃錫全先生發揮豐富的想像力，做出三孔布是公元前406年魏借道趙國滅中山的魏鑄三孔布說。這一假設很大膽，科學並不排斥假設，只要這假設有合理的內涵。但筆者卻認為黃說有許多矛盾之處。

(1)黃先生自己判斷三孔布晚於圓足布。而靈壽和新鄭的考古發掘報告沒有發現有三孔布範和三孔布。新鄭滅於公元前375年，中山國都靈壽滅於公元前299年～公元前296年，那至少三孔布問世應在這之後，怎麼能在沒有考古發掘材料的前提下，做出三孔布在公元前406年的魏滅中山國鑄幣說呢？

以子之矛攻子之盾，這一假設豈不是錯的？

(2)公元前406年魏滅中山時，中山國疆域很小。據路洪昌先生在〈鮮虞中山國疆域變遷考〉一文中考證：「中山亡於魏前疆域的大致輪廓：北達中人、左人等邑以外，即今曲陽、唐縣、望都及完縣一帶；南部疆界在棘蒲和鄗二邑之間，即包括今趙縣、元氏、欒城等縣是其南疆；東部疆域在苦陘邑以東，即今束鹿、晉縣、無極、深澤一帶；西界當在靈壽城以西，至太行山東麓，包括今井陘、獲鹿、平山、靈壽、行唐等縣。」⑤

這一範圍，連趙滅中山首戰取的扶柳也不包括，在黃先生所釋的業已發現的三十八種三孔布地名中，將近半數以上不包括在該疆域內。以黃釋攻黃說，其說也難立也！對照筆者的三孔布分布圖，黃說之差有千里疆域之大。

(3)魏統治中山有二十多年，不可謂短。黃說：「由於統治或控制中山的時間不長，故這種貨幣流傳至後世的不多。」[⑥]中國王朝歷史上，有二十多年統治時間的還說不長，也與史不符。

6. 三孔布是趙武靈王鑄行（公元前299年～296年）

曹操和劉備煮酒論英雄時說：「天下英雄，唯使君與操耳！」在三孔布國別與年代的研究上，我引劉森先生為同志。

劉森先生認為三孔布是趙幣，是公元前296年以後出現的。

筆者認為三孔布是趙幣，是公元前299年至公元前296年間，由趙武靈王鑄行的。公元前296年是我和劉森先生在歷史的空間、時間與人物認識的交集點。

小結

王國維先生說：「古來新學問起，大都由於新發現。」依筆者新發現三孔布而繪製的三孔布分布圖，從時、空、歷史事件和人物重疊交叉之論證可以斷定，三孔布是趙武靈王所鑄行，時間是在公元前299年至296年間。

①李際均《論戰略》頁276，解放軍出版社，2002年。

②陳應祺〈中山國靈壽城址出土貨幣研究〉，《中國錢幣》1995年第二期。

③⑥黃錫全《先秦貨幣研究》頁173、189，中華書局，2001年。

④趙武靈王公元前305年攻中山進軍圖參考林宏明著《戰國中山國文字研究》頁410
圖而修正編繪。台灣古籍出版有限公司，2003年。

⑤《河北學刊》1983年第二期。

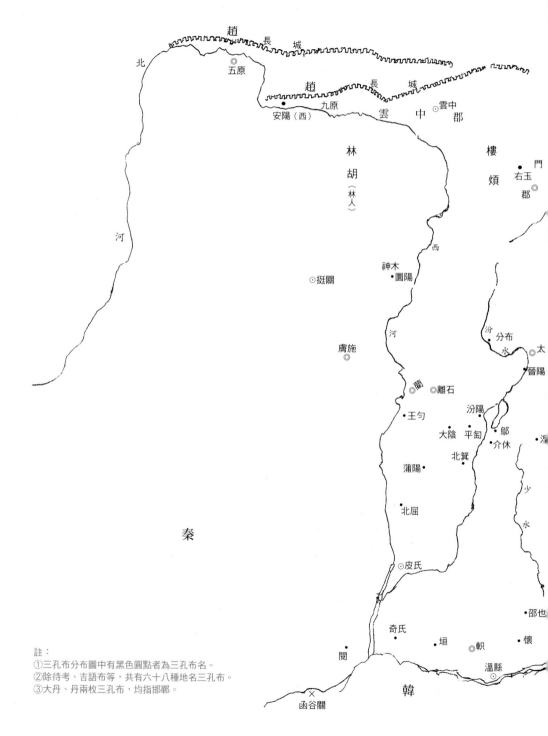

趙武靈王鑄三孔布分布圖

註：
①三孔布分布圖中有黑色圓點者為三孔布名。
②除待考、吉語布等，共有六十八種地名三孔布。
③大丹、丹兩枚三孔布，均指邯鄲。

趙
長城
北
五原

趙
長城
九原
安陽（西）
雲中
雲中郡

林胡
（林人）

樓煩
門
右玉郡

西

神木
圜陽

挺關

河

膚施

汾水
分布
太

晉陽

藺
離石

汾陽
王匀

大陰
平匄
鄔
介休
湡

北箕

蒲陽

少水

北屈

秦

皮氏

邵也

懷

奇氏
垣
軹

溫縣

閼

函谷關

韓

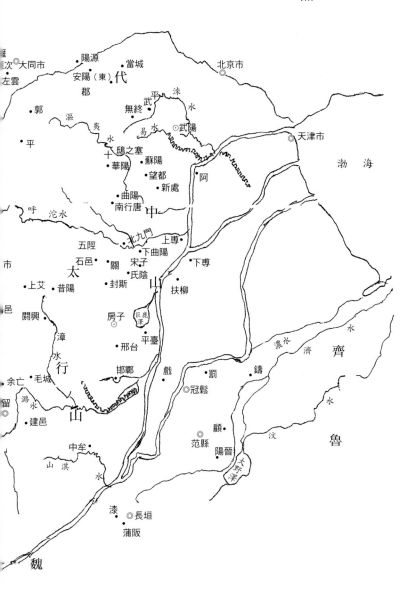

燕

漼次 ◎ 大同市
左雲 • 陽源 • 當城 • 北京市
安陽（東）代
郡
• 郭 平
武
溧
水
無終
• 平 滬 夷 水 易 水 武陽 • 天津市
鴉之塞 蘇陽
• 華陽 • 望都 • 新處 阿 渤 海
• 曲陽 中
• 南行唐 山
呼 沱水 九門
五陘 上專 • 下專
石邑 • 下曲陽
市 太 • 關 宋子
• 上艾 昔陽 氏陰
邑 山 封斯 扶柳
闕興 • 房子 巨鹿澤
• 漳 水 行 • 邢台 平臺 濃水 濟 水 水 齊
余亡 • 毛城 • 邯鄲 戲 • 罰 鑄
留 潞 水 冠鬆 水水
• 建邑 山 顧
汶水 魯
• 中牟 ◎ 范縣 陽晉
山淇 水 大野澤
漆 ◎ 長垣
蒲阪

魏

（公元前299年～296年）

323

第五章

戰國是黃金貨幣時代
兼論金銀銅三孔布為並行本位貨幣

金幣者人之所重也！
　　　　——管子

金銀天然不是貨幣，但貨幣天然是金銀。
　　　　——馬克思

中日學者論戰國貨幣制

金、「金」字和金銀貝

　　金銀屬於貴金屬，歷來爲世人所珍愛。金銀都是稀有金屬，特別是金，在地殼中含量極其稀少，僅佔十億分之一，多以游離的顆粒狀態存在，較難開採和提取。銀則存在於許多天然礦物中，也需要人工提煉。

　　人類最早使用的應該是黃金，而非白銀。白銀作爲一種伴生礦，提煉需要較高冶煉技術，而金則有天然金塊和江河湖泊中的砂金。

　　在公元前2500年的古埃及雕刻藝術品上，人們發現了有「金」的象形文字。字形是水從頭巾上或木槽中流過的象形圖，反映了古代淘洗砂金的操作形象。據說公元前4000年之時，紅海與尼羅河之間的人民，曾用黃金仿製貝殼。

　　而中國文字中的金字也早在距今約4000年的商代就已出現，見於殷甲骨文。甲骨文中的金字，如⊗、⊗，是「金」字最初的寫法，像張開的河蚌，類似當時流通的貨幣——貝幣。事實上在戰國的中山國的王墓中發現有金銀貝，在青海等地的戰國墓中也發現有金銀貝。包金的銅貝就更多了，時有千枚以上的出土紀錄，埃及的金貝和中國的金銀貝和包金貝是「貨幣天然是金銀」的強有力的注腳。

幾乎同時或稍晚，希臘和波斯也開始鑄造和使用金銀幣。這些金銀幣紋飾精美，幣面捶壓出國王、神像的頭像。

中日學者對戰國貨幣制的兩種主要觀點

春秋戰國時代的篆文和金文的「金」字形體已變，已演變爲：金、金、金、金、金、金等。《說文·金部》：「金，五色金也。黃爲之長。久薶不生衣，百鍊不輕，從革不違。西方之行，生於土。」

這說明中國在春秋戰國之際對黃金的特性的認識已很全面，並已能從礦石中提煉出這些顆粒狀的貴金屬。

從金屬提煉的溫度看，金的融點是攝氏1064.43度，銀是961.93度，銅是1084.5度。早在商周，中國就掌握了青銅冶煉技術，邁入了青銅時代。顯然在提煉銅礦石過程中，人們逐漸掌握了提煉金銀的技術。特別是融點較低的銀，往往成爲副產品被提煉出來。可以肯定地說，至遲在商周至春秋之際，中國已熟練地掌握了金銀的開採、提煉及鑄造技術。

《管子》一書中有關黃金的論述相當多，在〈輕重甲篇〉中記載：「楚國有汝漢之黃金。」「汝」指汝河，「漢」指漢水。在〈地數篇〉中又說：「上有丹砂者，其下有黃金。」《尚書·禹貢》有「厥貢唯金三品」。司馬遷說：「虞夏之幣，金有三品，或黃，或白，或赤。」

有產金銀之地，又有提煉金銀的技術，在社會分工明確，商品經濟相當發展的春秋戰國之際，特別是戰國時代，從理論上講，中國應當具有充足的條件進入如司馬遷所說的金、銀、銅貨幣並行本位制時代。然而，至今爲止的中外史學家、貨幣經濟學者、錢幣學

家，基本上對此持否定和半否定的態度。

最早提出否定見解的是彭信威先生。他說戰國時期，「除了作為寶藏手段，黃金主要作為支付手段，例如賞賜、餽贈和賄賂。後兩者實際難以劃分。黃金不具備貨幣的兩種最重要的職能，即價值尺度和購買手段或流通手段。所謂『百金之魚』和『千金之劍』如果是指黃金，那就是作為價值尺度，然而這裡的金字不像指黃金」[①]。彭信威的論述否定了戰國金幣所具有的作為價值尺度的作用。

繼之汪慶正先生在其主編的《中國歷代貨幣大系·先秦貨幣·總論》中說：「黃金和白銀在我國先秦時代和珠玉一樣，是珍藏的財富，但始終沒有起過真正貨幣的作用。」[②]

由於楚金版的大量發現和1974年8月河南扶溝古城村發現一處戰國金銀幣窖藏。主張此窖藏有為楚、為韓或鄭三種主張。因此，主張戰國諸國中唯楚存在過金銅貨幣並行本位時代，或是金銀銅貨幣並行本位時代者，筆者稱持該論者為半否定者。

如黃錫全先生認為：「先秦時期黃金稱量貨幣的種類主要有金版和金餅兩種，據目前材料，主要流通於楚國。但在其他國家也流通過這種稱量貨幣。」[③]

朱活先生也基本持此見解。他認為：「大抵早在公元前六世紀左右，盛產黃金的楚國已經鑄成一種由版狀或餅狀的黃金貨幣——爰金。」「主要的用途是作為貯藏的財富，只有當國際禮聘、遊說諸侯、國王贈賞、大宗交易時才使用這種整件爰金。」「楚都東遷以後，楚國的商品經濟進一步的發展……不僅在楚國國內市場上流通，而且流到楚國國境以外」[④]。

2012年由劉飛燕、段穎龍編著的《東周錢幣》一書則認為：「楚銅貝（蟻鼻錢），流通於楚國；金版，有郢爯、陳爯、盧金等

品類，也只流通於楚國。」⑤

　　雖有流通於國外與否的差異，但是在楚國是金銅貨幣並行本位制的看法是一致的。

　　日本近代的加藤繁等學者，基本上也是半否定論者。在河南扶溝古城村窖藏金銀幣發現後，日本的「山田勝芳」等學者，則在其著作中認爲：「楚有金、銀、銅三種貨幣，都是中央王室鑄行的、流通的。」⑥因此，山田勝芳在新發現後，認爲戰國的楚是金銀銅貨幣並行本位制。

第二節

戰國貨幣──用黃金打扮的女孩

胡適先生曾說：「歷史是一個令人任意打扮的女孩。」筆者在撰寫本書時，腦際不時浮起這句話的迴響。

先秦史料中有關黃金和黃金使用的材料約四十餘條，但對黃金是否作為貨幣流通使用的判斷，居然有很大的不同，真可謂「橫看成嶺側成峰，遠近高低各不同」。

筆者認為僅從史料和理論的角度去考察，也可得出黃金在戰國是一種流通貨幣，它有價值尺度和購買手段或流通手段；而且它不是一國流通的貨幣，更是一種國際貨幣。

管子對黃金貨幣的英明見解

筆者先以《管子》一書展開論述。管子叫管仲（約公元前730～前645年），潁上人，曾相齊桓公使成為春秋時代的第一個霸主。《管子》一書非一人一時之作，已成定論，但該書內容基本上記述了管子的經濟思想，在某種程度上加進一些新的經濟情況予以發揮闡述。把該書看成自春秋至戰國的管子學派的思想，應該是沒問題的。

管子在〈乘馬篇〉中有「黃金者，用之量也」、「金貴則貨賤」之說，這就提出了黃金是價值尺度的概念了。

《管子·國蓄篇》：「黃金刀幣，民之通施也。」《管子·輕

重乙篇》：「黃金刀幣者，民之通貨也。」這明明指明了黃金的流通手段。

管子又說：「黃金一鎰，百乘一宿之盡也。無金則用其絹，秀絹三十三，制當一鎰。無絹，則用其布，經暴布百兩當一鎰。」這裡清楚地說明了黃金在流通領域的運用及其價值尺度。

不僅是國內流通貨幣，黃金更是一種國際貨幣。

《管子·輕重戊篇》中提到國際貿易用黃金支付一事，說：「管子告魯梁之賈人曰，子為我致綈千匹，賜子金三百斤，什至而三千金。」「管子告楚之賈人曰，子為我致生鹿二十，賜子金百斤，什至而金千斤也。」管子在〈輕重乙篇〉又說：「苟入吾國之粟，因吾國之幣，然後載黃金而出。」

顯然，管子不僅明白，而且強調了黃金是一種國際貨幣。它至少證明了黃金作為貨幣在齊魯魏楚間的流通。

黃金貨幣在各國流通的情況

先看看秦國的文獻。中國的考古發掘報告已證實秦在先秦時代有一種金餅形狀的稱量貨幣。

商鞅在秦國變法之初，為了取信於民，遣人在都城南門豎了一根三丈長的木頭，令人扛到北門就賞五十金。這五十金肯定不是五十個青銅幣，而是黃金。

扛木頭的一個平民壯漢，拿到黃金，肯定不會拿來當作寶藏手段，而是要它用來改善生活或擴展家業，買糧買田什麼的。據《商君書·取強篇》云：「金一兩生於境內，粟十二石死於境外。粟十二石生於境內，金一兩生於境外。」這表明了當時金一兩的價值

尺度和購買力，也顯示了當時的國際貿易行情。這個拿到賞金的平民壯漢，他應該可以買糧食或田地，也可以蓋豪宅，因此根本不必擔心黃金有無價值機能或沒有購買力。

《戰國策・燕策三》：「太子預求天下之利匕首，得趙人徐夫人之利匕首，取之百金。」該利匕首，一百個銅幣是不可能購得的，應是百金之值。

《韓非子・說林上》：「宋之富賈有監止子者，與人爭買百金之璞玉，因佯失而毀之，負其百金，而理其毀瑕，得千鎰焉。」宋商以百金買損玉而修理之，然後賣出「得千鎰」之利。

《史記・越王勾踐世家》云：「范蠡浮海出齊，變姓名，自謂鴟夷子皮，耕於海畔，苦身戮力，父子治產。居無幾何，致產數十萬。齊人聞其賢，以爲相。范蠡喟然嘆曰：『居家則致千金，居官則至卿相，此布衣之極也。久受尊名，不祥。』乃歸相印，盡散其財，以分與知友鄉黨，而懷其重寶，閒行以行，止於陶，以爲此天下之中，交易有無之路通，爲生可以致富矣。復約要父子耕蓄，廢居，候時轉物，逐什一之利。居無何，則致貲百萬。天下稱陶朱公。」

越國大臣范蠡變姓改名到齊，數年治產達千金後又掛相印下海經商，掌握商品供求流通關係做買賣，又成百萬富翁。

春秋戰國之際，千金之家、萬金之家已不是少數。

綜上所述，春秋戰國之際的黃金作爲貨幣，它不僅有價值尺度，也有支付、購買和流通的功能。它更是國際貿易的硬通貨。

馬克思・韋伯對貨幣的定義是：「它具有欽定的支付手段和與一般等價物的交換手段。」因此，黃金在戰國作爲行用幣或國際通用貨幣是完全沒有疑義的。

馬克思也指出：「商品交換日益突破地方的限制，商品價值日益發展成為一般人類勞動的化身，貨幣形式也就日益轉到那些天然適於執行一般等價物這種社會職能的商品身上，即轉到貴金屬身上。」[7]所以說，「金銀天然不是貨幣，但貨幣天然是金銀」。

　　由於戰國之際，秦、楚、趙、魏、韓、燕等都使用銖兩制，大計量的鎰、斤衡制不一的問題也就根本不構成障礙，加上黃金易於切割，鑄幣後更容易攜帶調整重量（因每枚貨幣幣重不一）和有成色保證（黃金信譽），在國際貿易交易中，特別是大額交易中，金銀幣它理所當然地成為最受歡迎的硬通貨。

戰國經濟與戰國貨幣

——兼論「藺」和「離石」是國際軍市

楚、秦、趙有金銀銅貨幣的實證材料

　　筆者在推出金銀銅三孔布是趙武靈王鑄行說的同時，也宣告了戰國是金銀銅貨幣並行本位時代。

　　楚國不僅盛產金版爰金等，記載中也有銀版，惜實物已失傳，加上一般民間交易使用銅蟻鼻錢，故楚國應是金銀銅貨幣並行本位制。（河南扶溝古城村出土的十八枚鏟形銀幣，筆者以爲恐非楚幣。）

　　秦國有銅半兩幣，考古發掘證實秦有金餅狀的稱量貨幣。而在民間收藏者手上有先秦金半兩鑄幣；錢幣大師馬定祥生前收有一枚大銀半兩，遺物已在2012年保利拍賣會上高價拍出。

　　據此也可以說秦也推行過金銀銅貨幣並行本位制。

　　爲了夯實趙國在戰國確實推行的是金銀銅貨幣並行本位制，筆者再將長期收集的「藺」字和「離石」字的兩種金銀銅圓足布也披露於世，以便展開論述和供方家判斷。

　　根據前章業已介紹的中國考古挖掘工作者在河南新鄭「鄭韓故城」和河北靈壽原中山國冶煉遺址的發掘報告，證實「藺」圓足布和「離石」圓足布早在公元前375年以前的一段時間就已經鑄行流通了。同時，根據黃錫全先生的研究，證明圓足布是先於三孔布的

一種貨幣，兩者有前後銜接的相互關係。因此，至少可以斷定戰國中期前後，趙國實實在在推行的是金銀銅貨幣本位制，它是以實物材料爲依據的。

《管子·山權數篇》中說：「萬乘之國，不可以無萬金之蓄餘，千乘之國，不可以無千金之蓄餘，百乘之國，不可以無百金之蓄餘。」

從楚、秦、趙都流通金銀銅幣的事實看，戰國其他諸國也一定有相對應的貨幣制度。特別是黃金貨幣在國際貿易中作爲硬通貨所發揮的交易功能，各國自然要必須具備而運用。

戰國經濟的兩大特點

戰國的經濟有兩大特點，第一是社會生產的大發展，第二是戰字當頭的戰爭經濟體制。

首先簡要說一下戰國的社會生產發展。自春秋中葉以後，特別是進入戰國，一般的生產工具，特別是農具，鐵製已很普遍。隨著牛耕的推廣和水利灌溉事業的進步，農業生產力有了大提高，並促使個人和地主土地私有制得到發展。

與此同時，隨著利器工具的普遍化和交換關係的發展，使手工業的分工逐漸走向專業化，並且帶動了商業的專業化。

據史料看，專門手工業有織工、縫工、竹木工、玉工冶煉匠、車輦匠等，商業則有「鬻金之所」，專門公開買賣黃金的，以及「酤酒者」、「賣駿馬者」、「殺狗的專業屠夫」、專門賣兔的市場和職業賣卜者等。而商品生產的發達則進一步擴展了商品的流通範圍。

《荀子‧王制篇》云：「北海則有走馬吠犬焉，然而中國得而畜使之；南海則有羽翮齒革曾青丹干焉，然中國得而財之；東海則有紫紶魚鹽焉，然而中國得而衣食之；西海則有皮革文旄焉，然而中國得而用之。」

第二則是戰國因兼併戰爭日趨殘酷、頻繁，各國或為圖強而擴軍，或為存亡而竭盡全力抗爭。而且戰爭的規模也越來越大，兵力常常一動就數十萬。孟子云：「爭城以戰，殺人盈城；爭地以戰，殺人盈野。」

各國都為打贏戰爭而拚盡國力，使經濟和財政支出顯出軍國傾向。

《戰國策‧秦一》云：蘇秦游說趙王：「趙王大悅，封為武安侯，受相印……黃金萬溢，以隨其後。」黃金萬溢，豈不是亮國庫隨蘇秦使用。

又如趙國為打贏秦趙「長平之戰」，動員了四十五萬大軍，又將老將廉頗換成趙括，還賜給其「金帛」，而趙括「日視便利田宅可買者買之」。

秦國也派出數十萬大軍，打了三年多消耗戰，雙方都將國家軍事機器運轉到了極限狀態。

因此，在漫長的兼併攻戰中，許多軍市就應需要而產生和發展起來了。

從「藺」和「離石」的貨幣看兩地的軍市性質

藺和離石在戰國時代是原本屬趙國的兩處邊城，也是秦攻趙必須拔取的兩處軍事重鎮。因此，秦趙兩軍常在兩地發生戰爭，史不

　　　　　　　　　　　黃金貨幣時代的新發現——三孔布新考

絕載。

檢視史料，《史記·趙世家》：趙成侯二十四年（公元前351年），「秦攻我藺」。趙肅侯二十二年（公元前328年），「趙疵與秦戰，敗，秦殺疵河西，取我藺、離石」。趙武靈王十三年（公元前313年），「秦拔我藺，虜將軍趙莊」。

但是秦攻取兩地後，沒能長期佔領，大部分時間仍屬趙國管轄。兩地最後入秦，是在趙武靈王死後，分別在公元前282年和281年落陷。

藺和離石是秦趙邊境區域的趙國兩處軍事城鎮，史有明文。

筆者據此從「藺」和「離石」兩地的貨幣發行情況，結合地理政治條件，可以推析藺和離石不僅是兩處軍事重鎮，也是兩處大軍市，而且帶有國際貿易性質的大軍市。關於軍市，史籍多有記載。

《史記·馮唐列傳》云：「李牧為趙將居邊，軍市之租皆自用饗士，賞賜決於外，不從中擾也。委任而責成功，故李牧乃得盡其智能，遣選車千三百乘，彀騎萬三千，百金之士十萬，是以北逐單于，破東胡、滅澹林，西抑強秦，南支韓、魏。當是之時，趙幾霸。」索隱按：「謂軍中立市，市有稅。稅即租也。」

軍市至漢仍存，足見軍市的經濟繁榮和租稅的收入，對發放兵餉、維持軍隊給養和支撐戰時經濟所起的重要作用。與此同時，軍市的交易需大量貨幣作為流通，其理也不喻自明。試想當時一匹良馬該值多少「金」呢！

看看李牧麾下的人馬車騎，要維持這樣一架巨大的軍事機器運轉，需多少物資和貨幣啊。趙國的馬匹和所需皮毛、牛羊等，基本上靠北地胡商提供；而趙國鍛造的兵器、農具、糧食、紡織的布匹及日常生活用品等，則為胡商所需。

「離石」、「藺」均在山西西部。據清雍正《山西通志》卷二十載：「離石山，在州北一百八十里，即赤堅嶺也。山前有離石水。古設離石郡、離石縣，胥以山名。」戰國離石為邑，今在山西省呂梁市離石區西。藺地戰國屬趙。《路史》卷二十八〈國名紀〉：五「趙藺，漢西河屬縣」。《漢書·地理志》：「西河郡有『藺』縣。」藺今在離石市西南。現存趙國兵器中有「三年藺令戈」、「九年藺令戈」等，可見「藺」地原是趙國鑄造兵器和貨幣的一個重要地方。

　　所以一個重要的軍事重鎮，一個長期要駐紮重軍之地，必然伴隨著軍市的興起。

　　藺和離石便是這樣具有大軍市性質的軍事重鎮。

　　從地理位置看，藺和離石是趙國呂梁山區位於通向汾河流域的咽喉之地，也是秦要向東擴展必須攻克的兩處障礙，而趙武靈王要襲秦，藺和離石也是重要的進攻基地，雙方在此駐紮大量軍隊是不言而喻的。為了維持這樣眾多的軍隊，軍市的興起和設立也勢在必行。

　　其次，藺和離石位於秦趙邊境，南有魏、韓、三河地區，北有林胡、澹胡等，是居於四國兩胡的中心地，因此軍市所需物質和各國所需物質，都可以通過藺和離石兩處軍市而得到調劑，各國的商貿也可在此展開。因此，從地理政治條件看，它的確具備成為國際大軍市的條件。

　　此外，我們可以借助「藺」和「離石」兩種貨幣的形制和有大量金銀銅材質的貨幣長期流通，甚至有鄭國和中山國的山寨貨幣加入流通；此外從考古發掘看，離石附近有秦半兩和戰國貨幣出土，所以可以推斷出這兩個大軍市確有成為國際大軍市的資格。

「藺」和「離石」兩幣，形制多樣。特別是「藺」幣，它有刀幣、圓足布、尖足布、方足布和圓錢，且除刀幣外都有大小兩等制，與魏、韓、秦及周之三河地區之圓幣及魏韓釿布重量貨幣可以無障礙地銜接流通，而刀幣則與使用刀幣的北地胡人、山戎交易更為方便。「藺」地有鑄幣能力，更使趙佔交易的主導地位。

　　「離石」幣有圓足布、圓幣與尖足布三種大小兩等制貨幣，顯然也是迎合國際貿易需要而鑄行的。

　　其次，從「藺」和「離石」圓足布有金銀銅三種材質鑄幣和背面鑄有的數字看，可以推斷趙國鑄行了大量金銀銅材質的圓足布投入流通。

　　圓足布背面鑄有的數字，一般認為是範次編號，可從背面數字推斷其有大量鑄錢。

　　從「藺」和「離石」兩種圓足布鑄行流通的時間之長，背面數字之大，金銀銅材質俱有，可見其鑄行的貨幣額和量是巨大的。況且，圓足布僅是該兩種貨幣多種形制中的一種，由此可以推斷出藺和離石兩地在戰國曾是巨大的國際貿易軍市；也由此可以推斷出趙國推行金銀銅貨幣本位制度的確是戰國之際商品流通交易之必須；更由此可以推斷戰國的貨幣經濟是一個燦爛輝煌的黃金時代。

藺

筆者有「藺」圓足金質大型布一枚，背面數字二十二；有「藺」圓足銀質小型布一枚，背面數字二十六；有「藺」圓足青銅質大型布一枚，背面數字五。

查丁福保主編的《古錢大辭典》，其收錄「藺」青銅質圓足布大小型各有多枚拓圖。大型者背面數字最大為六十五，小型布為三十六。

布名	材質	通長	面寬	重量	背文	有關文獻及年代	地望	考釋者
藺	金	7.3	4.15	22.35克	二十二	《路史》卷二十八〈國名記〉五：「趙藺，漢西河屬縣。」		山西呂梁市離石市西
	銀	5.3	2.85	7.31克	二十六			
	銅	7.2	3.9	18.55克	五			

黃金貨幣時代的新發現——三孔布新考

　　　　　　　　　　　　　　　　　　　黃金貨幣時代的新發現──三孔布新考

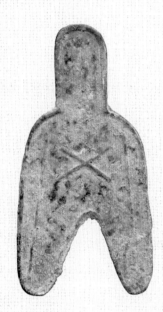

離石

筆者有「離石」圓足金質大型布一枚，背面數字為十五；銀質大型布十一枚，背面數字分別為五、十二、十八、十九、二十、二十、三十、三十五、五十、五十八、六十三，銀質小型布一枚，背面數字為十四；青銅質大型布一枚，背面數字為三十五。

查丁福保主編的《古錢大辭典》，其收錄青銅質「離石」圓足布大小型各有多枚拓圖，其中大型布背面數字最大為五十九，小型布背面數字最大為五十五。

布名	材質	通長	面寬	重量	背數文	有關文獻及年代	地望
離石	金	7.5	3.75	26.52克	十五	《史記・趙世家》趙肅侯二十二年，秦「取我藺、離石」	山西離石市西南
	銀	7.6	3.85	10.42克	五		
	銀	7.7	3.85	13.62克	十二		
	銀	7.6	3.8	12.48克	十八		
	銀	7.65	3.8	12.34克	十九		
	銀	7.6	3.9	13.87克	二十		
	銀	7.6	3.85	13.88克	二十		
	銀	7.7	3.85	16.51克	三十		
	銀	7.6	3.85	13.00克	三十五		
	銀	7.6	3.85	10.84克	五十		
	銀	7.6	3.85	11.64克	五十八		
	銀	7.6	3.8	12.21克	六十三		
	銀	5.3	2.9	5.83克	十四		
	銅	7.0	3.5	22.10克	三十五		

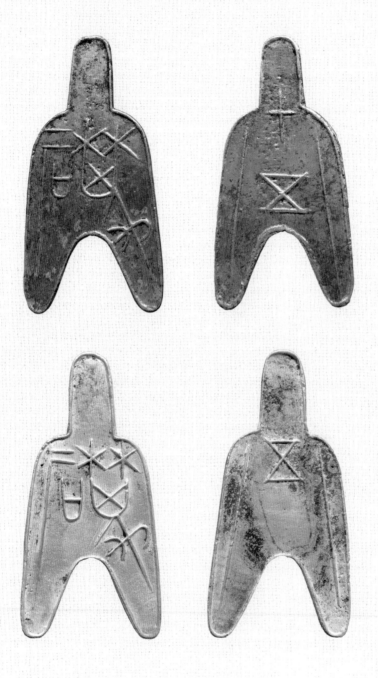

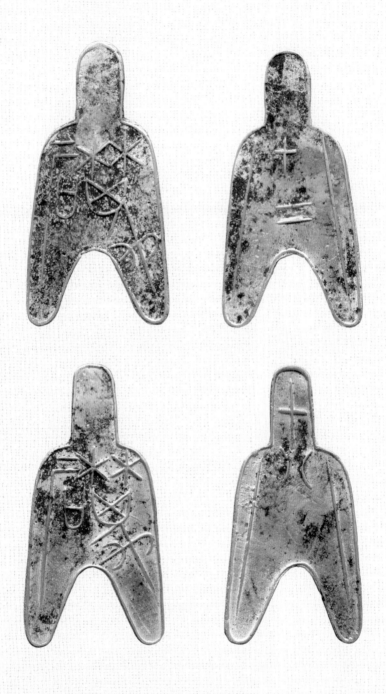

黃金貨幣時代的新發現——三孔布新考

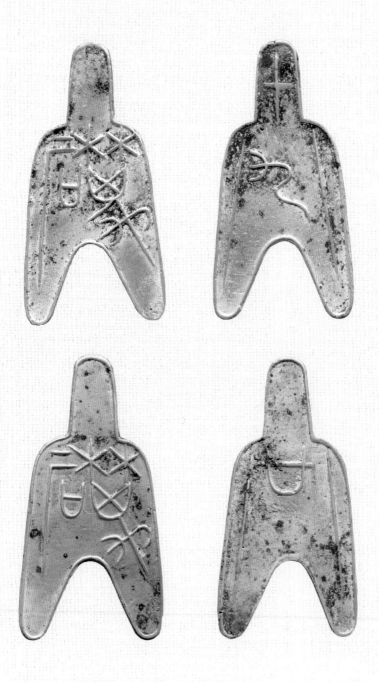

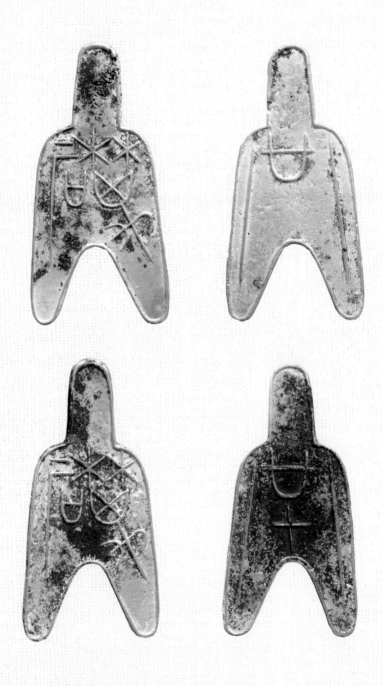

黃金貨幣時代的新發現——三孔布新考

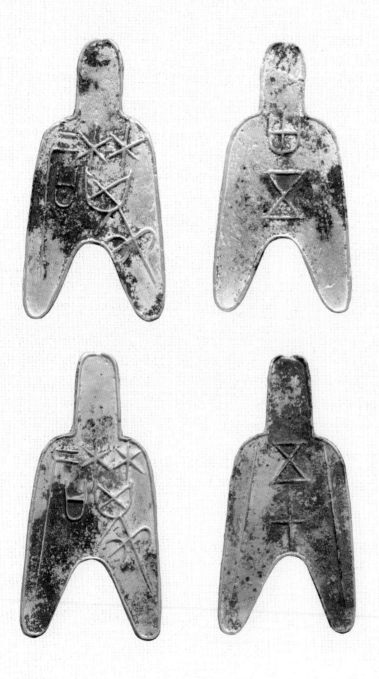

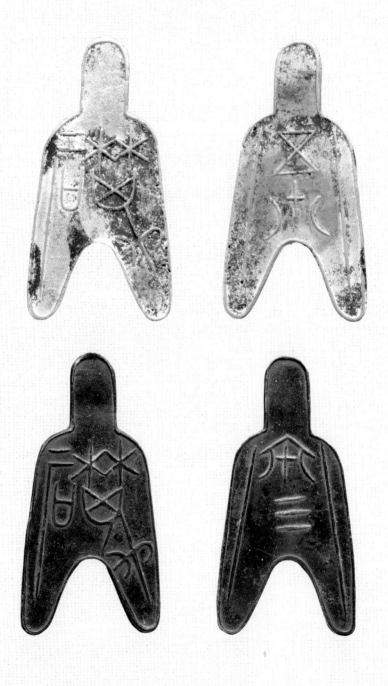

黃金貨幣時代的新發現——三孔布新考

絕唱

自春秋中葉至戰國，特別是戰國，中國是一個思想與貨幣的黃金時代。因它那特殊的政治經濟社會環境，才得以產生諸子百家學說，也才能產生趙武靈王這樣雄才大略的改革家、政治家和軍事家。

趙武靈王搞的胡服騎射，早已青史留名。然而其推行的統一貨幣的改革——金銀銅三孔布爲並行本位貨幣的改革，則因「沙丘事變」而塵封長達二千三百餘年，遲至今日才由本書爲其正名。書畢，不由令人掩卷長太息也！

---

①彭信威《中國貨幣史》頁48，上海人民出版社，2007年。
②汪慶正《中國歷代貨幣大系‧先秦貨幣》頁33，上海人民出版社，1984年。
③黃錫全《先秦貨幣研究》頁64，中華書局，2001年。
④朱活《古錢新探》頁239，齊魯書社，1984年。
⑤劉飛燕、段穎龍編著《東周錢幣》頁5，安徽美術出版社，2012年。
⑥山田勝芳《貨幣的中國古代史》頁47～48，朝日新聞社，2000年。
⑦馬克思《資本論》第一卷，第一篇，第二章，人民出版社，1975年。

後記

　　唐人賈島詩云：「十年一磨劍，霜刃未曾試」。筆者負笈東瀛四十餘載，閒餘收藏中、日文物史籍，特別是錢幣，從未間斷。今得大塊文化出版公司鼎力支持，筆者方得倚天抽劍，初試鋒芒，寫就《黃金貨幣時代的新發現——三孔布新考》一書。我還要感謝爲編輯本書付出辛勞的李濰美女士，她曾長期擔任我撰寫中國領導人傳記系列著作的責任編輯。當我轉換跑道，欲馳聘純文史新天地時，又是她任編輯，信是人生有緣。

　　相信，我們播下的是龍種，並期望收獲讀者、方家的批評指正。

　　本書照片由旅日攝影家楊正宇所攝，一併表示感謝。

楊中美　2014年7月14日於東京

主要參考文獻

1.丁福保《古錢大辭典》，上海醫學書局，1938年。中華書局，1982年影印。

2.丁福保《歷代古錢圖說》，上海醫學書局，1940年。

3.林宏明《戰國中山國文字研究》，台灣古籍出版有限公司，2003年。

4.黃錫全《汗簡注釋》，台灣古籍出版有限公司，2005年。

5.陳濟《甲骨文字形字典》，長征出版社，2004年。

6.王文耀《簡明金文辭典》，上海辭書出版社，1998年。

7.《中國地名語源辭典》，上海辭書出版社。

8.戴葆庭輯《戴葆庭集拓中外錢幣珍品》，中華書局，1990年。

9.王貴枕《三孔布匯編》影印本，1984年原版。

10.馬飛海總主編《中國歷代貨幣大系‧先秦貨幣》，上海人民出版社，1984年。

11.黃錫全《先秦貨幣研究》，中華書局，2001年。

12.黃錫全《先秦貨幣通論》，紫禁城出版社，2001年。

13.譚其驤主編《中國歷史地圖集》第一冊，中國地圖出版社，1996年。

14.司馬遷《史記》，中華書局，1959年。

15.郭沫若校《管子校釋》，科學出版社，1962年。

16.繆文遠等編釋《戰國策》，中華書局，2012年。

17.諸祖耿撰《戰國策集注匯考》，江蘇古籍出版社，1985年。

18.酈道元注，楊守敬、熊會貞疏《水經注疏》，江蘇古籍出版社，1985年。

19.呂思勉《秦漢史》，上海古籍出版社，1982年。

20.楊寬《戰國史》，上海人民出版社，1998年。

21.馬保春《晉國地名考》，學苑出版社，2010年。

22.陳隆文《貨幣地理研究》，人民出版社，2006年。

23.彭信威《中國貨幣史》，上海人民出版社，2007年。

24.郭若愚《先秦鑄幣文字考釋和辨偽》，上海書店出版社，2001年。

25.裘錫圭〈戰國貨幣考〉刊於《北京大學學報》，1978年第二期。

26.朱活《古錢新探》，齊魯書社，1984年。

27.王毓銓《我國古代貨幣的起源和發展》，科學出版社，1957年。

28.何琳儀《古幣叢考》，台北文史出版社，1996年。

29.趙德馨《楚國的貨幣》，湖北教育出版社，1996年。

30.商承祚等編著《先秦貨幣文編》，書目文獻出版社，1983年。

31.鄭家相《中國古代貨幣發展史》，三聯書店，1958年。

32.關漢享《中華珍泉追蹤錄》，上海書店出版社，2001年。

33.劉飛燕、段穎龍編著《東周錢幣》，安徽美術出版社，2012年。

34.蕭清《中國古代貨幣》，人民出版社，1984年。

35.馬傳德《幣海拾貝》，上海人民出版社，2013年。

36.金永澤《黃金知識概覽》，冶金工業出版社，1994年。

37.曹燕萍《金銀器》，上海書店出版社，2003年。

38.方若《菿雨古化雜咏》，北京大學出版社，1958年。

39.馬克思《資本論》，第一卷，人民出版社，1975年。

40.德富蘇峰著，劉紅譯《中國漫遊記》，中華書局，2008年。

41.周祥《中國珍稀錢幣》，學林出版社，1996年。

42.陳治木等著《淚水與夢想》，中國致公出版社，2009年。

43.高英民《中國古錢幣》學苑出版社，2007年。

44.唐石父主編《中國古錢幣》上海古籍出版社，2001年。

45.汪慶正《錢幣學與碑帖文獻學》上海人民出版社，2008年。

46.蘇寶榮《說文解字今注》陝西人民出版社，2000年。

47.錢穆《史記地名考（上、下）》商務印書館，2000年版。

48.李佐賢《古泉匯》北京出版社，1993年版。

日文著作

1.加藤繁《中國貨幣史研究》，東洋文庫，1991年。

2.山田勝芳《貨幣的中國古代史》，朝日新聞社，2000年。

3.馬克斯・韋伯《一般社會經濟史要論》（黑正巖、青山秀夫譯），岩波
　書店，1954年。

4.宮澤知之《中國銅錢的世界》，思文閣，2007年。

雜誌（中文）

1.《中國錢幣》（創刊以來各期）

2.《泉幣》（創刊以來各期）

3.《文物》

4.《考古》

5.《河北學刊》1983年第三期

6.《收藏》

7.《考古學報》

雜誌（日文）

1.《貨幣》